... Títulos relacionados

SSCE0110 HABILITACIÓN PARA LA DOCENCIA EN GRADOS A, B Y C DEL SISTEMA DE FORMACIÓN PROFESIONAL

(ANTIGUO DOCENCIA DE LA FORMACIÓN PROFESIONAL PARA EL EMPLEO)

[DISPONIBLE CERTIFICADO COMPLETO]

Solicítalos en:
- Librería
- www.paraninfo.es
- Solicitudes nacionales +34 914 463 350
- Solicitudes fuera de España +34 913 308 907, +34 913 308 919

Orientación laboral y promoción de la calidad en la formación profesional para el empleo

© 2025 EDICIONES PARANINFO, S. A.
© 2025 Cristina de Alba Galván, Carolina García Nieto

Maquetación: Diseño & Control Gráfico

Impresión: Liberdigital (Casarrubuelos, Madrid)
ISBN: 978-84-283-7138-4
Depósito legal: M-7677-2025

Impreso en España

Carolina García Nieto, licenciada en Psicología y certificada para la Docencia de la Formación Profesional para el Empleo, cuenta con amplia experiencia como docente en el ámbito de la Formación para el Empleo. Su participación a lo largo del proceso formativo abarca el diseño de propuestas formativas, elaboración de manuales y tutorización e impartición de acciones formativas y Certificados de Profesionalidad en modalidades *eLearning* y presencial.

Como autora, ha redactado varios manuales para Módulos Formativos y Unidades Formativas pertenecientes a las Cualificaciones y Certificados de Profesionalidad de Mediación Comunitaria, Dinamización Comunitaria y Atención sociosanitaria a personas dependientes en instituciones sociales.

Asimismo, ha colaborado como técnica de proyecto en el «Diseño y desarrollo de un material formativo multimedia y de un DVD interactivo para la impartición del MF 1016_2: Apoyo en la organización de intervenciones en el ámbito institucional» recibiendo el Premio otorgado por el INAP al Mejor material didáctico multimedia (1ª Edición de los Premios a la Calidad en la Formación para el Em-pleo de las Administraciones públicas).

Cristina de Alba Galván es licenciada en Psicología por la Universidad de Sevilla, con formación de posgrado en Dirección y Gestión de Recursos Humanos. Su trayectoria profesional se ha centrado en la gestión de personas, realizando tareas de análisis de perfiles profesionales, selección, formación y desarrollo del talento humano.

Ha colaborado con equipos multidisciplinares, participando en labores de intermediación laboral y coordinado estudios y proyectos de investigación y evaluación,tanto en el sector público como privado.Es colaboradora en medios digitales, donde ha publicado artículos sobre desarrollo personal y profesional, así como sobre temas relacionados con empleo y formación.

Índice

3. Calidad de las acciones formativas. Innovación y actualización docente 111

Introducción normativa

La Ley Orgánica 3/2022, de 31 de marzo, de ordenación e integración de la Formación Profesional, contiene una disposición derogatoria única que afecta a la regulación de los certificados de profesionalidad, ahora denominados **Certificados Profesionales**. La referida normativa deroga la Ley Orgánica 5/2002, de 19 de junio, de las Cualificaciones y de la Formación Profesional, y abre un escenario de cambios que se irá implementando progresivamente.

La Ley Orgánica 3/2022, de 31 de marzo, de ordenación e integración de la Formación Profesional implica que toda la formación es acumulable. La oferta formativa se estructura de forma escalonada, siendo los Certificados Profesionales un nivel intermedio (Grado C) de una escala que va desde el Grado A hasta el E.

En los artículos 35 a 38 de la Ley 3/2022 se describe en qué consisten estos Certificados Profesionales: su oferta, formación asociada, estructura, duración, acceso, titulación y validez. Posteriormente, esta normativa se completa con lo dispuesto en el Real Decreto 659/2023, de 18 de julio, que desarrolla la ordenación del sistema de Formación Profesional. Concretamente en los artículos 67 a 81 es donde se hace referencia a la oferta formativa de Grado C, correspondiente a los Certificados Profesionales.

Están agrupados en 26 familias profesionales con características comunes del sector. En la actualidad hay más de medio millar de Certificados Profesionales incluidos en el Repertorio Nacional. Esta cifra no deja de crecer. Además, cada certificado está específicamente regulado por un real decreto.

Un Certificado Profesional corresponde al Grado C de la oferta del Sistema de Formación Profesional. Es un documento oficial, con validez en todo el territorio nacional y debe constar en el Catálogo Nacional de Ofertas de Formación Profesional, que certifica la capacitación para el desarrollo de una actividad profesional.

Debe detallar los módulos profesionales superados y los estándares de competencia profesional asociados a él e incluidos en el **Catálogo Nacional de Estándares de Competencias Profesionales**, así como su correspondencia con el Marco Español de Cualificaciones.

Despliegan su validez en un doble ámbito, laboral y académico:

- En el contexto laboral tienen validez profesional, porque acreditan las competencias en una determinada profesión. Para poder trabajar en algunas profesiones, se exigen determinadas cualificaciones, y los certificados sirven para acreditarlas.

- Asimismo, tienen validez académica, puesto que permiten continuar un itinerario formativo siempre que se cumplan los requisitos de acceso para cursar la titulación deseada. De tal modo que, los Certificados Profesionales que sean parte de un Grado D permitirán la matrícula modular para completar los módulos establecidos en el currículo y obtener el correspondiente título de técnico básico, técnico o técnico superior con validez en todo el territorio nacional.

Para obtener un Certificado Profesional (Grado C) es preciso cumplir con los requisitos de acceso para realizar la formación.

Estructura de los Certificados Profesionales

I. Identificación: denominación, familia y área profesional a la que pertenecen; nivel de cualificación profesional (1, 2 o 3); cualificación profesional de referencia; entorno profesional y módulos formativos que esté previsto cursar junto con la duración de cada uno de ellos.

II. Perfil profesional: incluye las competencias profesionales requeridas en el mercado laboral. En todas ellas se concretan las realizaciones profesionales y los criterios de realización.

III. Formación: describe los módulos formativos que esté previsto cursar para adquirir las competencias requeridas. En cada uno de ellos se indican las capacidades que se pretenden alcanzar y la duración del módulo de prácticas no laborales —PNL—, para el que cabe solicitar exención si se cumplen determinados requisitos.

IV. Prescripciones de las personas formadoras.

V. Requisitos mínimos de espacios, instalaciones y equipamiento.

Los Certificados Profesionales se identifican con una denominación concreta y un código alfanumérico propio, y sirven para acreditar una determinada cualificación profesional. Cada certificado está asociado a una relación de unidades de competencia que, a su vez, se vinculan con una serie de módulos formativos específicos. Algunos módulos están integrados por unidades formativas y tanto unos como otras son, en ocasiones, transversales, lo que significa que se trata de contenidos incluidos en más de un Certificado Profesional.

Los Certificados Profesionales se articulan en tres niveles de competencia profesional (1, 2 y 3) conforme a lo dispuesto en el que será el Catálogo Nacional de Estándares de Competencias Profesionales, anteriormente Catálogo Nacional de Cualificaciones Profesionales (CNCP), según los criterios establecidos de conocimientos, iniciativa, autonomía y complejidad de las tareas, en cada una de las ofertas de Formación Profesional.

La oferta formativa dirigida a la obtención de los Certificados Profesionales tiene carácter modular para favorecer la acreditación parcial acumulable de la formación recibida y posibilitar así el avance en el itinerario de Formación Profesional para cualquiera que sea la situación laboral de cada persona en cada momento.

En definitiva, el Grado C constituye la oferta, parcial y acumulable, del sistema de Formación Profesional, de varios módulos profesionales del catálogo modular de Formación Profesional por razón de su significado en el mercado laboral y conducente a la obtención de un Certificado Profesional.

Las ofertas de Grado C de Formación Profesional tendrán por objeto módulos profesionales incluidos previamente en el catálogo modular de formación profesional y asociados al Catálogo Nacional de Estándares de Competencias Profesionales.

Finalidad de los Certificados Profesionales

- Contribuir a la ordenación de un Sistema de Formación Profesional al servicio de un régimen de formación y acompañamiento profesionales que sea capaz de responder con flexibilidad a los intereses, expectativas y aspiraciones de cualificación profesional de las personas a lo largo de su vida.

- Combinar escuela y empresa situando a la persona en el centro del sistema.

- Facilitar el aprendizaje permanente de toda la ciudadanía mediante una formación abierta, flexible y accesible, estructurada de forma modular, a través de la oferta formativa asociada al certificado.

- Acreditar las cualificaciones profesionales o las unidades de competencia recogidas en estas, independientemente de su vía de adquisición, bien sea través de la vía formativa, o mediante la experiencia laboral o vías no formales de formación.

- Favorecer, tanto en el ámbito nacional como europeo, la transparencia del mercado de trabajo.

- Contribuir a la calidad de la oferta de Formación Profesional.

Este libro

El presente libro desarrolla el módulo formativo denominado *Orientación laboral y promoción de la calidad en la formación profesional para el empleo*. **Código:** MF1446_3.

Dicho módulo formativo está asociado a la unidad de competencia UC1446_3, perteneciente a la cualificación profesional de Docencia de la formación profesional para el empleo, perteneciente a la familia profesional de Formación y educación.

Según los Reales Decretos que regulan este certificado, en concreto el Real Decreto 1697/2011, de 18 de noviembre, y el Real Decreto 625/2013, de 2 de agosto, los contenidos que se recogen en esta obra se corresponden con una duración de 30 horas.

El contenido del libro se ajusta a lo previsto en los Reales Decretos referenciados y en concreto al que corresponde al módulo formativo que le da título *Orientación laboral y promoción de la calidad en la formación profesional para el empleo*.

Contenido

1. Análisis del perfil profesional

- El perfil profesional:
    - Carácter individualizado del proceso de orientación.
    - Características personales.
    - Formación.
    - Experiencia profesional.
    - Habilidades y actitudes.
- El contexto sociolaboral:
    - Características: exigencias y requisitos.
    - Tendencias del mercado laboral.
    - Profesiones emergentes: yacimientos de empleo.
    - Modalidades de empleo: tipos de contrato, el autoempleo y trabajo a distancia.
- Itinerarios formativos y profesionales.

2. **La información profesional. Estrategias y herramientas para la búsqueda de empleo**

   - Canales de información del mercado laboral: INE, observatorios de empleo, portales de empleo, entre otros.

   - Agentes vinculados con la orientación formativa y laboral e intermediadores laborales: SPEE, servicios autonómicos de empleo, tutores de empleo, OPEAs, gabinetes de orientación, ETTs, empresas de selección, consulting, asesorías, agencias de desarrollo, entre otros.

   - Elaboración de una guía de recursos para el empleo y la formación.

   - Técnicas de búsqueda de empleo:
     - Carta de presentación.
     - Currículum vitae: curriculum europeo.
     - Agenda de búsqueda de empleo.

   - Canales de acceso a información:
     - La web: portales.
     - Redes de contactos.
     - Otros.

   - Procesos de selección:
     - Entrevistas.
     - Pruebas profesionales.

3. **Calidad de las acciones formativas. Innovación y actualización docente**

   - Procesos y mecanismos de evaluación de la calidad formativa:
     - Planes Anuales de Evaluación de la Calidad.

   - Realización de propuestas de los docentes para la mejora para la acción formativa:
     - Indicadores de evaluación de la calidad de la acción formativa.

   - Centros de Referencia Nacional.

   - Perfeccionamiento y actualización técnico–pedagógica de los formadores: Planes de Perfeccionamiento Técnico.

   - Centros Integrados de Formación Profesional.

   - Programas europeos e iniciativas comunitarias.

MF 1446_3: ORIENTACIÓN LABORAL Y PROMOCIÓN DE LA CALIDAD EN LA FORMACIÓN PROFESIONAL PARA EL EMPLEO.

UC 1446_3: FACILITAR INFORMACIÓN Y ORIENTACIÓN LABORAL Y PROMOVER LA CALIDAD DE LA FORMACIÓN PROFESIONAL PARA EL EMPLEO.

- C1: *Orientar en la identificación de la realidad laboral del alumnado para ayudarle en la toma de decisiones ante su proceso de inserción y/o promoción profesional.*
  - CE1.1 Definir el perfil profesional de cada uno de los participantes.
  - CE1.2 Analizar el contexto sociolaboral y las exigencias del mercado laboral de cada uno de los participantes.
  - CE1.3 Identificar las diferentes modalidades de empleo (por cuenta propia y ajena) para facilitar la inserción laboral.
  - CE1.4 Elaborar un itinerario profesional para favorecer la inserción y/o la promoción personal, fomentando la implicación y la participación activa en el proceso y teniendo en cuenta su situación personal (experiencia, expectativas e intereses).
  - CE1.5 Elaborar conjuntamente un itinerario formativo o bien oportunidades de formación, afines al perfil individual, para mejorar su calificación profesional.

- C2: *Fomentar procedimientos y estrategias de búsqueda y actualización de la información del entorno profesional y productivo.*
  - CE2.1 Realizar un muestreo de organismos e instituciones de intermediación laboral.
  - CE2.2 Identificar otras fuentes de información para su actualización laboral o profesional analizando sus características y utilidades.

- C3: *Aplicar estrategias y herramientas de búsqueda de empleo.*
  - CE3.1 Identificar los principales instrumentos de búsqueda de empleo.
  - CE3.2 Diseñar instrumentos de búsqueda de empleo adaptados a la oferta del mercado laboral.
  - CE3.3 Utilizar estrategias de afrontamiento y superación de procesos de selección.

- C4: *Analizar mecanismos que garanticen la calidad de las acciones formativas.*
  - CE4.1 Reconocer los Planes Anuales de Evaluación de la Calidad.
  - CE4.2 Identificar aspectos de mejora de la acción formativa.

- C5: *Diseñar procedimientos y estrategias de innovación y actualización profesional.*
  - CE5.1 Identificar programas o acciones que complementen la formación técnica y didáctica.
  - CE5.2 Reseñar redes de intercambio professional.

MF: Modulo formativo

UC: Unidad de competencia

C: Capacidades

CE: Criterio de evaluaci.

■ Nota del Editor

En Ediciones Paraninfo estamos comprometidos con la calidad de la formación e intentamos que nuestros materiales respondan fielmente y con rigor a las necesidades de todos cuantos confían en nuestro sello editorial.

Tratamos de dar respuesta a los currículos de las unidades formativas y de los módulos que integran los distintos Certificados Profesionales, equilibrando la parte teórica con la práctica para que los procesos de aprendizaje se conviertan en experiencias gratificantes, tanto para docentes como para las personas inmersas en los procesos formativos.

Nuestros objetivos son contribuir de forma decisiva a afianzar aprendizajes, ayudar a adquirir destrezas que tengan significado para el empleo y conseguir potenciar el desarrollo personal.

Para lograrlo contamos con excelentes autores, expertos en las materias que abordan, en la mayoría de los casos docentes de dichas especialidades con dilatada experiencia tanto profesional como académica, porque buscamos perfiles familiarizados con los contextos laborales concretos a los que se refieren nuestros manuales.

Confiamos en poder serte de ayuda y esperamos tus impresiones acerca de nuestro trabajo. Sean positivas o negativas, serán muy bien recibidas y, sin duda, nos ayudarán a seguir mejorando y trabajando con ilusión para continuar siendo un referente en formación para el empleo.

Agradecemos tu confianza en nuestros manuales. Todo nuestro equipo queda a tu total disposición. Puedes contactar con nosotros en esta dirección de correo electrónico:

info@paraninfo.es

Introducción a la obra

La política de empleo es el conjunto de decisiones que toman el Estado y las comunidades autónomas con la finalidad de desarrollar programas y medidas tendentes a la consecución del pleno empleo, así como la calidad en el empleo, a la adecuación cuantitativa y cualitativa de la oferta y demanda de empleo, a la reducción y a la debida protección de las situaciones de desempleo.

Para el desarrollo de las políticas de empleo, se establece la Estrategia Española de Activación para el Empleo, elaborada por el Gobierno en colaboración con las comunidades autónomas y con la participación de las organizaciones empresariales y sindicales más representativas.

La *orientación profesional* es uno de los seis ejes en torno a los cuales se articula dicha Estrategia Española de Activación para el Empleo.

Estas políticas de empleo se clasifican en pasivas y activas. Las pasivas son las que están dirigidas a la protección de las situaciones de desempleo. Por ejemplo, acciones destinadas al mantenimiento de un nivel de ingresos para las personas desempleadas. Por su parte, las políticas activas de empleo son el conjunto de acciones y medidas de *orientación, empleo* y *formación* dirigidas a mejorar las posibilidades de acceso al empleo y mantenimiento del empleo.

En el marco de las políticas activas de empleo, la orientación profesional se refiere a las acciones y medidas de *información, acompañamiento, motivación* y *asesoramiento* que, teniendo en cuenta las circunstancias personales y profesionales de la persona beneficiaria y sus capacidades e intereses, le permiten gestionar y desarrollar su trayectoria individual de aprendizaje, la búsqueda de empleo o la puesta en práctica de iniciativas empresariales.

En este punto de las políticas de empleo se centra este Módulo Formativo: *Orientación Laboral y Promoción de la Calidad en la Formación Profesional para el Empleo,* que está integrado en el Certificado «Habilitación para la docencia en grados A, B y C sel Sistema se Formación Profesional (SSCE0110)» que, a su vez, está incluido en la Familia Profesional Servicios Socioculturales y a la Comunidad. A través de él, adquiriremos la Unidad de Competencia 1446_3: Facilitar información y orientación laboral y promover la calidad de la Formación Profesional para el Empleo (FPE).

Esta Unidad de Competencia se logrará a través del desarrollo de las siguientes capacidades:

- C1: Orientar en la identificación de la realidad laboral del alumnado para ayudarle en la toma de decisiones ante su proceso de inserción y/o promoción laboral.
- C2: Fomentar procedimientos y estrategias de búsqueda y actualización de la información del entorno profesional y productivo.
- C3: Aplicar estrategias y herramientas de búsqueda de empleo.
- C4: Analizar mecanismos que garanticen la calidad de las acciones formativas.
- C5: Diseñar procedimientos y estrategias de innovación y actualización profesional.

Así, el interés de este Módulo Formativo es que los docentes de la Formación Profesional para el Empleo, con independencia de la familia profesional en la que enseñen, adquieran esas capacidades que les permitan orientar profesionalmente a sus alumnos. De esta manera, la orientación profesional pasaría a ser una competencia transversal deseada en todos los docentes de la Formación Profesional para el Empleo.

MF 1446_3: ORIENTACIÓN LABORAL Y PROMOCIÓN DE LA CALIDAD EN LA FORMACIÓN PROFESIONAL PARA EL EMPLEO

UC 1446_3: FACILITAR INFORMACIÓN Y ORIENTACIÓN LABORAL Y PROMOVER LA CALIDAD DE LA FORMACIÓN PROFESIONAL PARA EL EMPLEO

Tema 1: Análisis del perfil profesional	Tema 2: La información profesional. Estrategias y herramientas para la búsqueda de empleo	Tema 3: Calidad de las acciones formativas. Innovación y actualización docente
• C1: Orientar en la identificación de la realidad laboral del alumnado para ayudarle en la toma de decisiones ante su proceso de inserción y/o promoción profesional. • C2: Fomentar procedimientos y estrategias de búsqueda y actualización de la información del entorno profesional y productivo.	• C2: Fomentar procedimientos y estrategias de búsqueda y actualización de la información del entorno profesional y productivo. • C3: Aplicar estrategias y herramientas de búsqueda de empleo.	• C4: Analizar mecanismos que garanticen la calidad de las acciones formativas. • C5: Diseñar procedimientos y estrategias de innovación y actualización profesional.

1. Análisis del perfil profesional

Contenido

TEMA 1: ANÁLISIS DEL PERFIL PROFESIONAL
• C1: Orientar en la identificación de la realidad laboral del alumnado para ayudarlo en la toma de decisiones ante su proceso de inserción y/o promoción profesional.
• C2: Fomentar procedimientos y estrategias de búsqueda y actualización de la información del entorno profesional y productivo.

1.1. El perfil profesional

Para ofrecer una orientación profesional de calidad al alumnado es necesario que, como profesionales, conozcamos algunos aspectos relacionados, por un lado, con el mercado de trabajo y, por otro, con el propio sujeto. Relativos al mercado deberemos conocer, entre otros, la realidad laboral, el contexto profesional acorde con la acción formativa que el alumno está cursando, la tendencia del mercado laboral en ese sector y qué profesiones son más demandadas por los empleadores. En definitiva, debemos tener un conocimiento actualizado de la realidad laboral en general y de la realidad laboral de ese sector, en concreto. Y relativo a los alumnos deberemos conocer aspectos relacionados directamente con ellos como, por ejemplo, sus características, habilidades e intereses para ofrecerle una orientación lo más personalizada posible. No es conveniente ni eficaz proporcionar por defecto los mismos itinerarios formativos ni las mismas herramientas de búsqueda de empleo a distintas usuarios con diferentes realidades. Nuestro deber es indagar cuáles son los conocimientos, destrezas y actitudes que presenta el alumno para ofrecerle una orientación lo más individualizada posible y que mejor se ajuste a su realidad.

Antes de entrar en materia vamos a reflexionar acerca de algunas cuestiones:

> ¿Qué es un perfil profesional?
>
> ¿Qué elementos lo componen?
>
> ¿Es inmutable? ¿Por qué?

Según los expertos, el *perfil profesional* es el conjunto de roles, conocimientos, habilidades, destrezas, actitudes y valores necesarios para el desempeño de una profesión, conforme a las condiciones socioeconómico-culturales del contexto donde interactúa (Echevarría Samanes, 2008). De acuerdo con esta definición, en el perfil profesional quedan recogidos el *saber qué* (conocimientos), el *saber hacer* (habilidades y destrezas) y el *saber estar* (actitudes y valores) que son aspectos necesarios para desempeñar con calidad las funciones de un determinado puesto de trabajo. Estos tipos de saberes junto con el *querer hacer* (motivación) configuran la **competencia profesional**.

A día de hoy sigue habiendo multitud de intentos por definir el término **competencia**. Ley Orgánica 3/2022, de 31 de marzo, de ordenación e integración de la Formación Profesional se define a la **competencia profesional** como el conjunto de conocimientos y capacidades que permiten el ejercicio de la actividad profesional conforme a las exigencias de la producción y el empleo.

Existe una visión reduccionista del término competencia que iguala los significados de competencia y capacidad. Sin embargo, no es lo mismo ser capaz que ser competente. Se puede ser capaz de realizar una acción y, a la vez, no ser competentes al realizarla.

Una competencia se compone de los tres niveles de funcionamiento del individuo, a saber, cognitivo, psicomotor y afectivo, descritos por el psicólogo y pedagogo Benjamín Bloom (1956). Como señala Echevarría:

- El **conocimiento** es el resultado de procesos mentales como la atención, memoria, percepción, simbolización, reflexión o evaluación.

- La **destreza** es el resultado del proceso psicomotor que capacita a la persona para ofrecer respuestas manifiestas y generar a veces productos tangibles que pueden ser observados y apreciados por otro ser humano.

- La **actitud** es el producto de las respuestas emocionales hacia acontecimientos u objetos específicos.

La intervención orientadora no será del todo eficaz si, como profesionales, solo trabajamos sobre uno de los elementos que componen la competencia. Debemos centrarnos en la competencia en su conjunto.

Por otra parte, las competencias profesionales que configuran el perfil profesional están presentes en un contexto socioeconómico-cultural concreto. Por este motivo, decimos que el perfil profesional no es inmutable sino dinámico. La sociedad actual, caracterizada por el constante cambio y la irrupción de la tecnología en todos los sectores, requiere de unos perfiles profesionales diferentes a los de hace unas décadas lo que supone, asimismo, una evolución de las competencias profesionales demandadas. Así, esas competencias, habilidades y actitudes para desempeñar un determinado puesto de trabajo estarán en función de las condiciones socioeconómico-culturales, de manera que se irán modificando como resultado de un proceso de adaptación y ajuste a la nueva realidad laboral.

Otro aspecto importante es la diferenciación entre el *perfil profesional real y el requerido* (Le Boterf, 1991). El *perfil profesional requerido* es aquel que describe el conjunto de competencias, es decir, de saberes, técnicas y aptitudes que un individuo debe dominar para desempeñar un trabajo determinado con calidad. Hacia ese perfil se dirigen los itinerarios de formación o de perfeccionamiento. Por otro lado, el *perfil profesional real* se refiere al conjunto de competencias que posee una persona.

Con frecuencia hay un desajuste entre el perfil profesional requerido y el real, de manera que nuestra meta será lograr que el perfil profesional real coincida con el requerido a través de la realización de itinerarios de formación y de la experiencia profesional.

Por ejemplo, el *perfil profesional requerido* para ser docente de la Formación Profesional para el Empleo implica, entre otros requisitos, superar el Certificado de Profesionalidad Docencia de la Formación Profesional para el Empleo. Una persona tiene un perfil profesional concreto con sus conocimientos, habilidades y actitudes pero hay un desajuste entre su perfil profesional y el requerido porque carece de este certificado. Así, el próximo paso que tendrá que dar para acercarse al perfil requerido será cursar y superar ese certificado.

1.1.1. Carácter individualizado del proceso de orientación

Como parece razonable, no es eficaz ofrecer los mismos itinerarios formativos ni las mismas herramientas de búsqueda de empleo a alumnos que presentan una formación, experiencia profesional, necesidades y expectativas diferentes.

Para poder ofrecer una orientación laboral de calidad y adaptada al alumno deberemos conocer los siguientes aspectos:

a) *Características personales y profesionales* del alumno. Hay estudios que relacionan características personales con el desempeño de determinados empleos. De esta manera, si el alumno se puede dedicar profesionalmente a una actividad acorde a sus características personales se sentirá más cómodo y será más eficiente y productivo.

b) *Habilidades y recursos personales* de cada alumno. Cuando hablamos de habilidades y recursos personales nos referimos a sus destrezas y conocimientos.

c) *Áreas de interés profesional* del alumno. Conociendo cuáles son los intereses profesionales de los alumnos podremos encauzar sus itinerarios formativos y profesionales, y realizar un servicio de orientación más efectivo. En el ámbito de la Formación para el Empleo existen 26 familias profesionales y cada una de ellas tiene asociadas diferentes áreas profesionales[2].

En la siguiente tabla se incluyen las diferentes áreas profesionales incluidas en la Familia Profesional de Servicios Socioculturales y a la Comunidad, que es a la que pertenece el Certificado de Profesionalidad que estamos cursando:

---

[2] Para conocer las diferentes familias profesionales y sus correspondientes áreas profesionales se puede visitar la página web del Instututo Nacional de las Cualificaciones https://incual.educacion.gob.es/administracion_cualificaciones

Familia profesional	Área profesional
Servicios Socioculturales y a la Comunidad	Actividades culturales y recreativas
	Formación y educación
	Atención social
	Servicios al consumidor

¿A qué área profesional crees que pertenece este Certificado de Profesionalidad?

d) *La experiencia profesional.* Conociendo su experiencia podremos informarlo de ofertas de empleo acordes a su perfil e implicarle en su desarrollo profesional.

e) *Formación recibida.* Asimismo, es indispensable conocer cuál es el punto de partida del alumno en cuanto a la formación cursada. Obviamente, los itinerarios formativos estarán en función, entre otros aspectos, del punto de partida formativo del alumno.

Una vez recabada esta información del alumno, contrastaremos su perfil profesional con el perfil profesional requerido para una determinada profesión de su interés con el fin de verificar si existe desajuste entre ellos. Si existiera, diseñaremos, junto al alumno, itinerarios formativos y profesionales personalizados que le permitan la adquisición de las competencias necesarias y así minimizar ese desajuste. Más adelante profundizaremos en los itinerarios personalizados.

1.1.2. Características personales

Un aspecto importante que ayudará a los alumnos a decidir su área de interés profesional es conocer las características personales que les definen y compararlas con las demandadas para un determinado puesto de trabajo para contrastar si existe o no desajuste. Las características personales aparecen en situaciones similares, pertenecen al individuo y a su modo de reaccionar habitual y espontáneo.

El psicólogo norteamericano John Holland (1966) en su teoría tipológica clasificó la personalidad y los ambientes ocupacionales en seis tipos. Su teoría está basada en la Teoría de Rasgos y Factores que defiende, por un lado, que las personas que desempeñan un mismo puesto de trabajo tienen características personales similares y, por otro, que el grado de satisfacción de la ocupación se relaciona con el nivel de concordancia existente entre los rasgos de personalidad del individuo y las exigencias del puesto de trabajo.

Holland diferencia seis tipos de personalidad y asocia cada uno de ellos con distintos ambientes profesionales:

Tipo de personalidad	Descripción	Profesiones habituales
Social	<ul><li>Predispuestas a ayudar a los demás.</li><li>Habilidades sociales aplicadas para resolver problemas laborales y personales.</li><li>Aprecian las actividades de carácter social y ético.</li><li>Se inclinan por tareas como informar, educar, guiar a otros.</li><li>Evitan actividades que requieran habilidades manuales, motrices o peligrosas.</li><li>Tienden a ser idealistas, influyentes, perspicaces, amables, persuasivas, responsables, sociables, discretas, comprensivas, cooperativas, amistosas, generosas y serviciales.</li></ul>	<ul><li>Educador</li><li>Técnico en servicios a la comunidad</li><li>Terapeuta ocupacional</li><li>Psicólogo clínico</li></ul>
Realista	<ul><li>Orientadas al manejo ordenado y sistemático de objetos, instrumentos, máquinas, animales, etc.</li><li>Resuelven sus problemas de manera realista.</li><li>Huyen de ocupaciones donde tengan que hacer valoraciones subjetivas.</li><li>Prefieren actividades que se desarrollen de forma dinámica y que necesiten de habilidad manual y motora.</li><li>Tienden a ser introvertidos, conformistas, sinceros, auténticos, materialistas, persistentes, naturales, tácticos, estables, prácticos y activos.</li></ul>	<ul><li>Ingeniero</li><li>Piloto de aviones</li><li>Mecánico</li><li>Conductor</li><li>Carpintero</li><li>Oficial del Ejército</li></ul>
Investigador	<ul><li>Buscan actividades que pongan en juego el intelecto, que les permitan expresar su capacidad analítica, evitando situaciones de carácter social, comercial o rutinario.</li><li>Tienden a ser analíticos, racionales, críticos, introvertidos, independientes, curiosos, cautelosos, intelectuales, metódicos, pasivos, pesimistas y reservados.</li></ul>	<ul><li>Físico</li><li>Médico</li><li>Psicólogo experimental</li><li>Matemático</li><li>Biólogo</li><li>Editor</li><li>Periodista</li></ul>
Artístico	<ul><li>Prefieren actividades libres, creativas, donde expresar sus sentimientos, intuición e imaginación.</li><li>Evitan actividades de tipo económico o realista.</li><li>Tienden a ser personas emocionales, idealistas, imaginativas, desordenadas, impulsivas, independientes, introspectivas, intuitivas, inconformistas y originales.</li></ul>	<ul><li>Escritor</li><li>Pintor</li><li>Actor</li><li>Escultor</li><li>Músico</li><li>Decorador</li></ul>

Emprendedor	• Prefieren actividades relacionadas con otras personas para lograr fines organizativos, beneficios económicos, emprender negocios, etc. • Se decantan por tareas arriesgadas que manejan con audacia. • Evitan las actividades académicas e intelectuales. • Tienden a ser dominantes, enérgicos, ambiciosos, impulsivos, sociables, locuaces, optimistas, confiados en sí mismos y líderes.	• Ingeniero de ventas • Promotor • Político • Ejecutivo • Comercial • Abogado
Convencional	• Se rigen por el respeto a las normas establecidas socialmente. • Prefieren actividades vinculadas con el manejo explícito, ordenado y sistemático de datos, planificadas con anterioridad y con posibilidades de aplicación. • Buscan tareas poco innovadoras pero sí de carácter tradicional. • Tienden a ser conformistas, ordenados, persistentes, prácticos, controlados, eficientes, rígidos, obedientes e inflexibles.	• Administrativo • Secretario • Cajero • Mecanógrafo • Almacenista • Contable • Operario de máquina

Elaboración propia a partir de la teoría tipológica de John Holland

¿Con qué tipo de personalidad te sientes más identificado?

Ten en cuenta que no existe un tipo de personalidad puro. Todos los rasgos que definen a las diferentes personalidades están presentes en todas las personas en mayor o menor medida. No obstante, cada individuo tendrá una tendencia más clara hacia unos que hacia otros.

1.1.3. Formación

Para poder ofrecer un servicio de orientación de calidad y adaptado a las necesidades del alumno es conveniente que conozcamos, además de sus *características personales y profesionales,* cuál es el nivel de *formación* del que parte. Esta información nos resultará útil para conocer qué aspectos formativos deben perfeccionarse o mejorarse para aumentar su empleabilidad[3] y acortar las distancias con el perfil requerido para un determinado puesto de trabajo.

Por otro lado, es obligación de los profesionales conocer en profundidad la estructura del sistema educativo español y del sistema de formación profesional

---

[3] Empleabilidad es la posibilidad de encontrar un trabajo y adaptarse a un mercado de trabajo en continuo cambio. La **empleabilidad** se refiere al conjunto de competencias personales relacionadas con las actitudes, aptitudes y conocimientos básicos que facultan a una persona para poder desempeñar cualquier trabajo.

para el empleo para proponer a los alumnos itinerarios ajustados y actualizados. Por el contrario, no podremos desempeñar con calidad nuestra labor de orientadores en el ámbito de la Formación para el Empleo si desconocemos las posibilidades que ofrece.

Las vías de formación que existen en la actualidad son **la reglada (académica) y no reglada.** Comenzaremos por un esquema-resumen del *Sistema Educativo Español* que recoge la *formación reglada*. La formación reglada se refiere a aquella que está regulada por el Ministerio de Educación, Formación Profesional y Deportes. Este dictaminará qué contenidos se incluirán, qué competencias se adquirirán, qué profesorado será el adecuado para impartir esa enseñanza, cuál será el procedimiento de admisión de alumnos, qué conexión existe con otros estudios, etc. Con su superación se obtiene un título oficial de plena validez académica. En el siguiente esquema se muestra un resumen de la estructura del sistema educativo español. Además de las enseñanzas mostradas en el siguiente esquema resumen están las Enseñanzas de Régimen Especial: Idiomas, Artísticas y Deportivas.

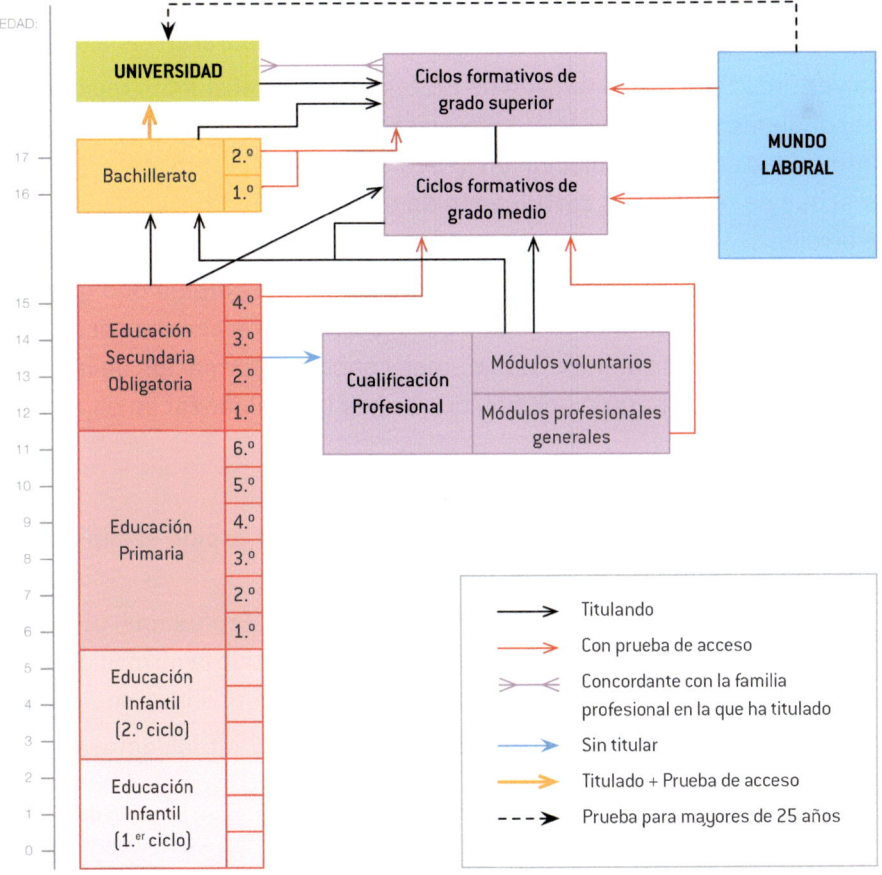

Elaboración propia a partir de la información ofrecida en el Ministerio de Educación, Formación Profesional y Deportes.

Por su parte, la *formación* no reglada es la educación que se encuentra al margen del Sistema Educativo. Sus títulos no son expedidos por el Ministerio de Educación y puede ser *oficial o no*.

La formación no reglada se centra en el aprendizaje de habilidades y conocimientos para un área específica, sin seguir un plan de estudios establecido oficialmente.

Por su parte, los Certificados de Profesionalidad son títulos oficiales expedidos por el Ministerio de Educación, Formación Profesional y Deportes o en su caso, por las comunidades autónomas, y acreditan las competencias profesionales adquiridas. Estas competencias profesionales comprenden los conocimientos y aptitudes necesarios para ejercer una actividad laboral concreta y hacen referencia a las cualificaciones del Catálogo Nacional de Cualificaciones Profesionales.

La obtención de Certificados de Profesionalidad puede realizarse de manera modular (acreditación parcial acumulable) o completa. Este carácter modular permite que las personas trabajadoras avancen en sus itinerarios de Formación Profesional cualquiera que sea su situación laboral en cada momento.

Una vez finalizado un Certificado de Profesionalidad, el alumno recibirá el correspondiente certificado (o sus acreditaciones parciales acumulables), de conformidad con lo establecido en el Real Decreto 34/2008, de 18 de enero, por el que se regulan los certificados de profesionalidad, y su normativa de desarrollo.

Como docentes de la Formación Profesional para el Empleo que queremos ofrecer un servicio de orientación de calidad a nuestros alumnos acerca de la acción formativa en cuestión, deberemos conocer la formación de la que parten para saber el itinerario que hay que seguir y así alcanzar su objetivo profesional.

Resumiendo, la formación de partida debe incluir:

- La formación reglada (académica) cuyo título lo expide el Ministerio de Educación, Formación Profesional y Deportes.
- La formación vinculada al Sistema de Formación Profesional para el Empleo[4]. Debemos incluir horas, centro que ha impartido la formación, año en que se cursó, contenido de esa formación y competencias adquiridas.
- Conocimientos técnicos adquiridos por otras vías (autodidacta).

---

[4] No profundizaremos aquí en la estructura del Sistema de la Formación Profesional para el Empleo ya que estos contenidos forman parte del primer Módulo Formativo de este Certificado (MF 1442_3: Programación didáctica de acciones formativas para el empleo). No obstante, esta información se puede consultar en el Real Decreto 694/2017, de 3 de julio, por el que se desarrolla la Ley 30/2015, de 9 de septiembre, por la que se regula el Sistema de Formación Profesional para el Empleo en el ámbito laboral.

1.1.4. Experiencia profesional

Resulta obvio que un aspecto esencial en este proceso de orientación al alumno, además de los vistos en los apartados anteriores, es la **experiencia**. Diferenciaremos entre experiencia profesional y laboral. Cuando hablamos de **experiencia laboral** nos referimos a las actividades laborales en las que ha mediado un contrato (remunerada). En este apartado debemos incluir el nombre del puesto de trabajo que desempeñábamos en su momento, la empresa para la que trabajábamos, el tiempo en años y meses, cuáles eran nuestras tareas y funciones y qué competencias adquirimos.

Experiencia laboral
• Puesto:
Empresa:
Tiempo (en años y meses):
Tareas:
Habilidades y técnicas adquiridas:

Por el contrario, cuando hablamos de **experiencia profesional** es la adquirida en trabajos en prácticas, voluntariados... es decir, las no remuneradas.

Experiencia profesional
• Colaboraciones:
• Voluntariado:
• Prácticas:
• Becas:

1.1.5. Habilidades y actitudes

Al hablar de habilidades nos referimos a la pericia o la aptitud que mostramos para desarrollar alguna tarea específica. El concepto está enfocado hacia la práctica, a los procedimientos, es decir, al *saber hacer*. No se refiere a los conocimientos teóricos que, como hemos visto, se refieren al *saber qué.*

A continuación ofrecemos un esquema resumen de las habilidades:

Las habilidades pueden ser **emocionales, sociales, técnicas y cognitivas**.

- **Emocionales** (Mayer y Salovey, 1997):
  — *Percepción, valoración y expresión de la emoción:* es la identificación de nuestras emociones y las de otros; la capacidad de expresar correctamente nuestros sentimientos.
  — *Emoción como facilitadora del pensamiento:* las emociones nos permiten atender a la información relevante, facilitan la toma de decisiones, así como el cambio de perspectiva.
  — *Comprensión y análisis de las emociones:* capacidad para etiquetar las emociones, entender las relaciones existentes entre ellas y las situaciones en que aparecen y la comprensión de emociones complejas.
  — *Regulación de las emociones:* habilidad para estar abierto a los estados emocionales positivos y negativos: destreza para conducirlos adecuadamente (gestión de emociones).

- **Cognitivas.** Algunas de las habilidades cognitivas básicas son:
  — *Formular hipótesis:* identificar una idea. Aclarar la idea general.
  — *Observar:* ver hechos y fenómenos y recoger información.
  — *Clasificar:* organizar los hechos y fenómenos observados.
  — *Analizar:* el estudio de los hechos dentro de su contexto para elaborar hipótesis.
  — *Sintetizar:* al comunicar información, elaborar conclusiones, resúmenes, informes...
  — *Establecer relaciones:* elaborar un plan de acción al relacionar ideas, factores, acciones, recursos.

- **Técnicas.** Las habilidades técnicas se refieren al conocimiento y la pericia para el correcto desempeño de puestos de trabajo de un área técnica o de una función específica. Por esta razón, las habilidades técnicas varían en función del área estructural de la organización y del puesto de trabajo. Son susceptibles de modificación y aprendizaje mediante formación y el entrenamiento. Se traducen en «capacidades de hacer con niveles diferenciados: elemental, medio y experto».

  Por ejemplo, algunas de las competencias técnicas necesarias para desempeñar con calidad las funciones de auxiliar administrativo son:
  — Manejo de herramientas de trabajo: fax, impresora, fotocopiadora, etc.
  — Conocimiento en materia de protección de datos.
  — Conocimientos básicos de calidad.
  — Manejo de herramientas de Office: Word, Excel, Access, Outlook.
  — Procedimientos administrativos de la organización.
  — ...

  Te invito a recordar cinco habilidades técnicas específicas imprescindibles para desempeñar tu último empleo:
  1.
  2.
  3.
  4.
  5.

- **Sociales.** Las habilidades sociales «son el conjunto de conductas emitidas por el individuo en un contexto interpersonal que expresa sus sentimientos, actitudes, deseos, opiniones y derechos de un modo adecuado a la situación, respetando esas conductas en los demás y que, generalmente, resuelve los problemas inmediatos de la situación mientras minimiza la probabilidad de futuros problemas» (Caballo, 1993).

Goldstein propone la siguiente clasificación para las habilidades sociales:

HH.SS. primarias	HH.SS. avanzadas
• Escuchar • Iniciar una conversación • Mantener una conversación • Formular una pregunta • Dar las gracias • Presentarse • Presentar a otras personas • Hacer un cumplido	• Pedir ayuda • Participar • Dar instrucciones • Seguir instrucciones • Disculparse • Convencer a los demás
HH.SS. relacionadas con los sentimientos	**HH.SS. alternativas a la agresión**
• Conocer los propios sentimientos • Expresar sentimientos • Comprender los sentimientos de los demás • Enfrentarse con el enfado del otro • Expresar el afecto • Resolver el miedo • Autorrecompensarse	• Pedir permiso • Compartir algo • Ayudar a los demás • Negociar • Emplear el autocontrol • Defender los propios derechos • Responder a las bromas • Evitar los problemas con los demás • No entrar en peleas
HH.SS. para hacer frente al estrés	**HH.SS. de planificación**
• Formular una queja • Responder a una queja • Mostrar deportividad tras un juego • Resolver la vergüenza • Arreglárselas cuando le dejan de lado • Defender a un amigo • Responder a la persuasión • Responder al fracaso • Enfrentarse a los mensajes contradictorios • Responder a la acusación • Prepararse para una conversación difícil • Hacer frente a las presiones del grupo	• Tomar iniciativas • Discernir sobre la causa de un problema • Establecer un objetivo • Determinar las propias habilidades • Recoger información • Resolver los problemas según importancia • Tomar una decisión • Concentrarse en una tarea

Te propongo que rodees con un círculo quince habilidades sociales que aparecen en la tabla y que creas que están en tu repertorio. Después marca cinco habilidades sociales en las que crees que podrías trabajar para mejorarlas.

Por último, veamos en qué consisten las actitudes. Como ocurre con muchos de los constructos teóricos en psicología, existen múltiples definiciones para el término actitud. Tomaremos como referencia la que Eagly y Chaiken (1993) ofrecen: «la actitud es una tendencia psicológica que se expresa mediante la evaluación de una entidad (u objeto) concreta con cierto grado de favorabilidad o desfavorabilidad».

La actitud en sí misma no es observable, ha de ser inferida a través de ciertas respuestas observables y medibles. Asimismo, refleja una evaluación positiva o negativa del objeto de la actitud. Tiene tres componentes:

- *Componente cognitivo:* las percepciones de la persona sobre el objeto de la actitud y de la información que posee de él. Incluye los hechos, opiniones, creencias, valores, pensamientos, expectativas y conocimientos acerca del objeto de la actitud.

- *Componente afectivo:* se relaciona con los sentimientos y las emociones que despierta en el individuo ese objeto al que se refiere la actitud.

- *Componente conductual:* son las tendencias, disposiciones e intenciones hacia el objeto, así como las acciones dirigidas a él. Está íntimamente relacionada con la conducta, pero no es la conducta en sí misma.

Conocer una actitud implica saber sus tres componentes. Nuestra labor en el ámbito de la orientación laboral es favorecer que los alumnos mantengan una actitud positiva hacia la inserción laboral mediante el desarrollo de sus recursos personales a través de la adquisición de competencias profesionales. Si un alumno cree (componente cognitivo) que la acción formativa que está cursando le facilitará el acceso al mundo laboral, realizará una valoración positiva (componente afectivo) de la posibilidad de encontrar trabajo y se traducirá en una conducta (componente conductual) de motivación de adquisición de competencias y búsqueda activa de empleo.

> ¿Crees que una actitud puede afectar al proceso de búsqueda de empleo? ¿En qué sentido?

Para cerrar este primer punto del manual y tras ver la importancia de realizar un autoanálisis de las características personales, formación, experiencia, habilidades y actitudes para comenzar la búsqueda de empleo realizaremos un DAFO.

El DAFO es una herramienta muy útil para realizar este análisis. Nos ayuda a evaluar los puntos fuertes y débiles de nuestro perfil profesional y su ajuste o no a un determinado puesto de trabajo y realidad laboral. Nos permite conocernos desde un punto de vista interno y externo. Sus siglas se refieren a *Debilidades, Amenazas, Fortalezas y Oportunidades*.

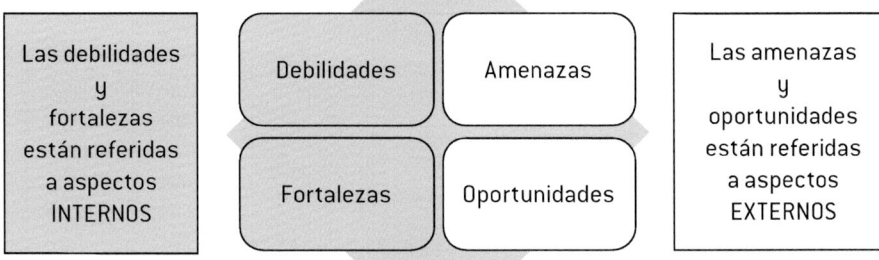

Para ayudarnos a definir estos puntos podemos plantearnos las siguientes preguntas:

a) Debilidades

- ¿Qué se puede evitar?
- ¿Qué se debería mejorar? ¿Qué puntos son los que me dan más problemas?
- ¿Qué características son percibidas por los demás como mis debilidades?
- ¿En qué momentos o circunstancias me encuentro más débil y quiero mejorar?
- ¿Qué factores internos están dificultando que alcance mis objetivos?

b) Amenazas

- ¿Qué obstáculos externos pueden dificultar que alcance mis objetivos?
- ¿Qué hacen mis competidores? ¿Qué problemas puedo encontrar en mi sector o en mi ámbito de actuación?

c) Fortalezas

- ¿Cuáles son mis puntos fuertes? ¿Qué sé hacer mejor?
- ¿Qué hago mejor que los demás? ¿Qué me distingue de los demás? ¿Qué ventajas aporto que no aporta otro?
- ¿Qué me gusta hacer?
- ¿Qué consideran otros que es mi fortaleza?

d) Oportunidades

- ¿Qué circunstancias externas están favoreciendo que me desarrolle personalmente?
- ¿Qué acciones del entorno me benefician o permiten que tenga más visibilidad?
- ¿Qué necesidades tiene mi sector que yo pueda satisfacer?
- ¿Qué acciones van a permitirme que mejore mi adaptación al entorno?

DEBILIDADES	AMENAZAS
FORTALEZAS	OPORTUNIDADES

1.2. El contexto sociolaboral

En nuestra sociedad, donde la tecnología está presente en casi todos los sectores profesionales, parece evidente que algunos empleos desempeñados por generaciones anteriores están siendo menos demandados por el mercado y menos necesarios para el desarrollo de la sociedad y, en su lugar, aparecen otros nuevos basados en el descubrimiento y aplicación de la tecnología y que quedan sin cubrir porque no hay una cualificación profesional suficiente y adecuada. De esta manera se produce una **desestructuración en el mercado laboral**, es decir, un desajuste cualitativo y cuantitativo entre la oferta y demanda de empleo. Las nuevas profesiones requieren perfiles profesionales con unas competencias profesionales y personales diferentes.

Lo mismo sucede con la **duración y el tipo de los contratos**. Antiguamente, una persona que empezara a trabajar en la empresa «X» era frecuente que se jubilara en la misma empresa. Las carreras profesionales eran muy estáticas. Y eso estaba bien visto. Sin embargo, hoy en día esto ha cambiado y en el mercado laboral se valora el movimiento y el dinamismo en la carrera profesional. Puntúa a nuestro favor la polivalencia y la flexibilidad en nuestra carrera profesional.

El mercado laboral presenta graves **problemas estructurales** como el elevado desempleo juvenil y de larga duración, un nivel formativo muy bajo y escasamente orientado al empleo, junto a una elevada temporalidad y rotación en la contratación.

1.2.1. Características: exigencias y requisitos

Es evidente que las características personales y profesionales que los empleadores buscaban en los trabajadores han cambiado debido, en parte, a las particularidades de la sociedad en la que vivimos que exige una constante adaptación al cambio, polivalencia en las tareas, el manejo de las nuevas tecnologías... esto supone una actualización constante de conocimientos y competencias.

En el contexto de inestabilidad e incertidumbre laboral que caracterizan el actual mercado de trabajo, disponer de un amplio repertorio de competencias y saber utilizarlas representa un valor fundamental que, aunque no sea suficiente, se convierte en un instrumento necesario para acceder al mercado laboral, mantenerse y también para la promoción profesional.

En un estudio acerca de «*La empleabilidad como estrategia de integración y desarrollo*» (Lisbona Bañuelos, Ana; Palací Descals, Francisco J. y Moriano León, Juan Antonio) editado por la UNED, sus autores concluyen que las características necesarias para ser empleable, es decir, las demandadas por el mercado laboral son (págs. 126-127):

- *Conocimientos técnicos* requeridos en el puesto que se va a desempeñar. Que como vimos, hacen referencia a los conocimientos y técnicas necesarias para el desarrollo de una determinada actividad laboral, un lugar de trabajo concreto y se definen por un oficio o un perfil profesional determinado.

- *Capacidad de aprendizaje* con respecto a nuevas tecnologías y nuevos procedimientos de trabajo. Saber identificar los déficits formativos que puedan afectar al desarrollo de las tareas y mantener una actitud positiva hacia el aprendizaje para mejorar las capacidades profesionales.

- *Motivación intrínseca.* La motivación es lo que nos mueve a actuar. Esta motivación puede ser extrínseca o intrínseca. La intrínseca es aquella en la que el incentivo, el premio, la recompensa es la propia realización de la conducta. Por ejemplo, si somos formadores la propia conducta de formar a otros es lo que nos motiva, más allá de recompensas económicas y otros incentivos. Por otro lado, la motivación extrínseca se refiere a que la realización de la conducta por sí misma no nos satisface, no nos activa, pero sí nos motiva el premio que obtendremos con la realización de esa conducta. Por ejemplo, podemos ser formadores no porque enseñar a otros nos motive, sino porque la recompensa económica, horario, contratación estable y otros aspectos es lo que nos motivan.

- *Inteligencia emocional.* David Goleman, autor de obligada referencia al hablar de inteligencia emocional, se refiere a la inteligencia emocional como «la capacidad de reconocer nuestros propios sentimientos y los ajenos, de motivarnos y de manejar bien las emociones, en nosotros mismos y en nuestras relaciones.» Considera cinco aptitudes emocionales (habilidades emocionales que vimos en el punto anterior) clasificadas, a su vez, en dos grandes grupos: aptitud personal (autoconocimiento, autorregulación y motivación) y aptitud social (empatía y habilidades sociales).

Teniendo en cuenta que en cualquier profesión vamos a trabajar con otras personas, ya sea a través de ordenador, teléfono o trato directo, ser inteligentes emocionales nos permite identificar estados emocionales propios y ajenos y regular así nuestra conducta adaptándola al contexto.

- *Flexibilidad y currículum flexible.* Es la disposición para adaptarse a múltiples demandas y cambios.

- *Polivalencia:* la capacidad para realizar diferentes tareas que requieren distintos aprendizajes y competencias.

- *Capacidad de adaptación y resolución de problemas.*

- *Movilidad:* ir donde está el trabajo y no esperar a que sea el trabajo el que venga a nosotros. Ser proactivos.

- La experiencia por sí misma no ofrece una mayor empleabilidad, debe ir acompañada de una *formación permanente.*

- Vocación: que garantizará un desempeño adecuado del puesto, que además provocará satisfacción de quien lo desempeñe. Recuerda la teoría tipológica de Holland de los seis rasgos de personalidad y su asociación con diferentes ambientes profesionales.

- *Relaciones interpersonales:* no solo una gran capacidad para trabajar en equipo, sino mantener una amplia red de contactos que nos conozca y pueda recomendarnos para un puesto, debido a nuestra capacidad y buen hacer demostrados previamente.

Te propongo un ejercicio de reflexión. Dedica unos minutos a analizar si en tu perfil profesional se encuentran las que aparecen en ese listado. ¿Hay alguna que creas que sí tienes y no aparece? Señálala.

CARACTERÍSTICAS y EXIGENCIAS	?
Conocimientos técnicos	
Capacidad de aprendizaje	
Motivación intrínseca	
Inteligencia emocional	
Flexibilidad y currículum flexible	
Polivalencia	
Capacidad de adaptación y de resolución de problemas	
Movilidad	
Formación permanente	
Relaciones interpersonales	
Vocación	

CARACTERÍSTICAS y EXIGENCIAS	?

1.2.2. Tendencias del mercado laboral

Las características vistas en el punto anterior que, según sus autores, aumentan la empleabilidad de los trabajadores y que son exigidas en el actual mercado de trabajo, surgen como consecuencia de los cambios producidos en el propio mercado. Determinados cambios en la sociedad han influido sobre el mercado de trabajo y a su vez el mercado de trabajo está influyendo en la sociedad, modificando las competencias profesionales demandadas y las propias profesiones.

A continuación presentaremos la síntesis de las tendencias y características del actual mercado de trabajo, según Palací y Lisbona:

- **Globalización del mercado de trabajo**

  El fenómeno de la globalización junto con el desarrollo de las nuevas tecnologías ha propiciado la reducción de barreras culturales, geográficas o políticas, convirtiendo el mercado laboral en más dinámico y cambiante debido al continuo movimiento y circulación de información, mercancías y personas en el ámbito mundial. Al ser cada vez más difusas las barreras profesionales, se ha incrementado la necesidad de flexibilidad y aprendizaje continuo, así como la disponibilidad a la movilidad territorial y/o funcional. En la medida en que aumentan los flujos migratorios y se modifica la legislación laboral, nos acercamos a un **mercado laboral cada vez más global.**

  La Comisión Europea creó en 1993 la **Red EURES** (European Employment Services), con objeto de facilitar la libre circulación de trabajadores en el marco del Espacio Económico Europeo (países miembros de la Unión Europea, más Islandia, Noruega y Liechtenstein). Su objetivo principal *es prestar servicios a los trabajadores, a los empresarios y a cualquier ciudadano que desee beneficiarse del principio de la libre circulación de personas, proporcionando para ello información y asesoramiento sobre ofertas y demandas de empleo, situación y evolución del mercado de trabajo y sobre condiciones de vida y trabajo de cada país.*

  Por otro lado, el propio proceso de globalización ha acarreado la descentralización de las actividades productivas, haciendo que las empresas dejen de llevar a cabo todo el proceso productivo y subcontraten cada vez con más frecuencia determinados servicios. Esto se conoce con el nombre de terciarización económica o potenciación del sector servicios.

- **Terciarización**

  El mercado laboral tradicionalmente se ha dividido en tres sectores básicos:

  — El *sector primario*, dedicado a la agricultura, la ganadería, la pesca y la obtención de materias primas, aglutinó durante siglos la mayor parte de la fuerza laboral.

  — El *sector secundario* o industrial, con un crecimiento exponencial desde la Revolución Industrial en los países más desarrollados.

  — El *sector terciario* o de servicios, que reúne las actividades económicas que no producen bienes materiales de forma directa, sino servicios que se ofrecen para satisfacer las necesidades de la población. La CNAE-2009 (Clasificación Nacional de Actividades Económicas) recoge dentro del sector servicios a las empresas que operan en los sectores de comercio, turismo, transportes, tecnologías de la información y la comunicación, servicios a empresas y servicios culturales, recreativos y personales.

  En los países industrializados el sector servicios ha ido cobrando progresivamente un mayor protagonismo en el mercado laboral, como consecuencia, entre otros factores, de la expansión de los avances tecnológicos y paralelamente, de la preocupación sociopolítica por el bienestar social. Este proceso se ha denominado **terciarización sectorial**.

- **Flexibilidad del mercado laboral**

  En las últimas décadas se ha generalizado una idea con relación al aumento de la competitividad empresarial: para que las empresas mejoren su competitividad y posición en el mercado, se requiere una organización de la jornada laboral flexible, de tal forma que las empresas puedan adaptar su producción a las variaciones de la demanda con una inversión en contratación ajustada. Para ello, se proponen *formas de organización de la jornada laboral flexibles* con relación a las horas de trabajo e incluso a la localización del trabajador.

  Ante los requerimientos de la flexibilidad del mercado laboral, el modelo de empleo tradicional pierde vigencia, frente al auge de un modelo flexible, orientado eminentemente a la tarea.

  La flexibilidad hace referencia a los siguientes supuestos:

  — *Flexibilidad contractual*, diferenciando el trabajo indefinido del que no lo es.

— *Flexibilidad de la duración de la vida laboral*: jubilaciones anticipadas, excedencias...

— *Cambios que afectan al centro de trabajo.*

— *Cantidad y distribución de las horas trabajadas.*

A partir de la década de los noventa, en España se ha experimentado una tendencia creciente con relación a la flexibilidad de los mercados, similar a la de la mayoría de los países de la UE.

Algunos sectores sociales han denunciado que en el caso español hemos pasado de una notable rigidez a una excesiva flexibilidad en las contrataciones.

- **Crisis de la noción tradicional del puesto**

  Como hemos comentado al inicio de este segundo punto del manual, hasta hace poco lo habitual era que una persona se empleara durante toda su vida en una única empresa, lo que socialmente estaba bien visto, tomándose como un signo de valía y reconocimiento sociales.

  Frente a esta concepción tradicional de empleo se impone que los trabajadores cada vez con mayor frecuencia se encuentren en una *situación de tránsito hacia otro nuevo puesto, empresa u ocupación*. Según señalan Palací y Lisbona, una serie de variables como el impacto de las nuevas tecnologías, la unificación de mercados, la creación de nuevas profesiones y ocupaciones están influyendo en que la idea tradicional del puesto de trabajo caiga en desuso.

  Esta es una de las razones por las cuales hoy en día cualquier trabajador, empleado o no, debe preocuparse por mantener su *empleabilidad* a través de una formación permanente. Recuerda que la **empleabilidad** es el conjunto de competencias relacionadas con las actitudes, aptitudes y conocimientos básicos que facultan a una persona para poder desempeñar cualquier trabajo.

  Destacamos dentro de este punto la *necesidad de que el orientador profesional se mantenga al corriente sobre la aparición de nuevos ámbitos profesionales y nuevas ocupaciones, de su transformación e incluso extinción.*

- **Desempleo y precariedad laboral**

  La dirección de la OMS (Organización Mundial de la Salud) declaró ya en 2008 que las crisis financieras afectan a los ciudadanos no solo impactando en el empleo y el consumo, sino que también repercute en la salud mental de las poblaciones y provoca un aumento de los casos de estrés, depresión y desórdenes mentales.

La gravedad del problema del empleo se establece en función de la proporción entre ofertas y demandas de trabajo. Cuando el número de empleos que se ocupan y ofertan es ligeramente menor al de la población activa, se habla de que determinada parte de la población se encuentra desempleada. Sin embargo, cuando no hay ofertas de empleo suficientes para atender a todas las demandas planteadas por la población activa nos encontramos ante una situación más grave de «desempleo estructural» (bien porque se destruye empleo o bien porque crece la población activa a un ritmo superior al de creación de empleo).

Analizamos las siguientes dimensiones que caracterizan la precariedad laboral:

— *La discontinuidad del trabajo*, caracterizada por situaciones de estacionalidad y temporalidad del empleo, una duración corta del trabajo junto con un riesgo elevado de pérdida e incertidumbre del trabajador respecto a su continuidad en el puesto.

— *La falta de control sobre el trabajo.* Deficiente capacidad de negociación por parte de los trabajadores, la desprotección de los trabajadores que se traduce en pésimas condiciones laborales, estar sometidos a discriminación o no tener derecho a prestaciones sociales.

— *Baja remuneración, formación escasa asociada al puesto, no tener opción a promocionar dentro de la organización...*

• **Segmentación del mercado laboral**

Otra tendencia del mercado laboral es su propia segmentación en grandes colectivos en función del tipo de actividad que realicen. Podríamos reconocer tres amplias *categorías de trabajo*:

a) *Los servicios rutinarios o trabajadores manuales:* realizan en la mayoría de los casos tareas de tipo manual, secuenciadas de manera rutinaria. Estos puestos son habituales en los sectores de la agricultura, la construcción y la industria, pero al contrario de lo que pudiera parecer, este tipo de trabajos también se dan en empresas de alta tecnología; pensemos, por ejemplo, en el trabajo rutinario que conlleva el montaje de circuitos de ordenador.

b) *Los trabajadores de los servicios en persona:* en muchas ocasiones tienen que realizar también tareas simples y repetitivas, pero la principal diferencia con el grupo anterior es que estos servicios se prestan de persona a persona. En ocasiones se les ha denominado *smilers* (sonrientes, en inglés) aludiendo a un requisito deseable: aportar su sonrisa y actitud positiva de servicio al cliente. Dentro de esta categoría tendríamos que considerar a los empleados de hotel, conserjes, auxiliares de enfermería, camareros, vendedores...

c) *Los trabajadores del conocimiento o de los servicios simbólico-analíticos:* incluyen a los expertos en intermediación estratégica y en identificación y resolución de problemas como abogados, ingenieros, investigadores científicos, ejecutivos... Los analistas simbólicos simplifican la realidad con imágenes abstractas que se pueden reordenar, alterar y experimentar con ellas, comunicarlas a otros especialistas, y, finalmente, convertirlas nuevamente en una realidad.

- **Tendencias demográficas en el mercado laboral**

    Este punto se refiere a aspectos como la *progresiva incorporación de la mujer al mundo laboral, el aumento del número de trabajadores inmigrantes o el envejecimiento de la población activa.*

    Las estadísticas de los últimos años muestran que las tasas de desempleo tienen una mayor incidencia sobre las mujeres sea cual sea su edad y que estas tienen más dificultades para promocionar a puestos de máxima responsabilidad. Al mismo tiempo, los datos revelan que pensar que las dificultades de acceso de la mujer al mundo laboral residen en su inferior nivel de formación con respecto al hombre es una falsa creencia, ya que las tasas de hombres y mujeres que cursan Formación Profesional reglada son prácticamente las mismas.

    Además de estas tendencias ya apreciadas en el actual mercado de trabajo, también se han modificado las formas de empleo y han aparecido ocupaciones de nueva creación.

    Entre las **formas de empleo** destacan:

    a) Teletrabajo. «*Trabajo realizado a distancia utilizando métodos de procesamiento electrónicos de la información, que permiten el contacto entre el trabajador y la empresa*». Normalmente se trata de tareas que se centran en el manejo de información, tales como: realización de traducciones, trabajos de diseño, programación y proceso de datos...

    b) *Outsourcing.* Se denomina así a la *subcontratación de servicios por parte de las empresas.* Esta subcontratación se centra en los trabajos que no constituyen el núcleo de la actividad empresarial en cuestión, se refiere a tareas no estratégicas que pueden subcontratarse a empresas especializadas (lo que comentamos anteriormente de la terciarización económica).

c) Autoempleo, trabajo a tiempo parcial, trabajo temporal y consultorías. En el punto 1.2.4. «Modalidades de empleo» profundizaremos en estas modalidades de empleo.

Otro aspecto muy importante que hay que destacar en esta evolución del mercado laboral es la modificación en la relación entre la empresa y el empleado. Con esto hacemos referencia al nuevo **contrato psicológico**. En el nuevo mercado laboral la relación entre empleador y empleado varía, ya que en la medida en que el empleado posee el conocimiento, la distribución de poder se inclina a su favor. En el *Viejo Contrato Psicológico* la relación se basaba en que las empresas o empleadores ofrecían un trabajo estable y unas mejoras predecibles a cambio de un rendimiento adecuado, lealtad y compromiso. Sin embargo, en el *Nuevo Contrato Psicológico* el trabajador no ofrece lealtad permanente, e incluso la empresa considera aceptable que en la medida en que otra entidad le pague más u obtenga otros beneficios añadidos (desarrollo del plan de carrera, beneficios sociales, proyectos interesantes...), el trabajador abandone su puesto en la organización.

Por otra parte, la situación económica mundial ha acentuado la dualidad del mercado laboral haciendo más evidentes ciertas características como: incertidumbre, irregularidad, rigidez salarial y rotación. En este contexto parece necesario desarrollar un proyecto de vida profesional centrado en la persona y no en la ocupación, como venía siendo frecuente en generaciones pasadas.

1.2.3. Profesiones emergentes: yacimientos de empleo

La expresión de los NYE aparece por primera vez en 1993 en el *Libro Blanco: Crecimiento, Competitividad y Empleo, Retos y Pistas para entrar en el siglo XXI*, que presentó el político francés Jacques Delors.

El término «nuevos yacimientos de empleo (NYE)» se refiere a las actividades económicas dirigidas a satisfacer las nuevas necesidades sociales que se desarrollan en mercados con una oferta o una demanda poco estructurada. Puede ocurrir que la sociedad demande determinado servicio para cubrir una nueva necesidad, pero que no haya suficientes profesionales cualificados para satisfacerla. Es decir, los NYE suponen la aparición de nuevas profesiones y una oportunidad laboral para los jóvenes y desempleados que desean incorporarse al mercado laboral. Otro aspecto importante de los NYE es que suponen nuevas posibilidades para los puestos tradicionales en la medida en que estos son capaces de adaptarse a las nuevas necesidades, de reciclarse y de actualizar sus perfiles profesionales.

Jacques Delors establecía estas **cuatro áreas de necesidades sociales:**

a) Los servicios de la vida diaria

b) Los servicios de mejora de la calidad de vida

c) Los servicios culturales y de ocio

d) Los servicios de medio ambiente

Dentro de cada una de estas áreas incluía varios ámbitos de actividad de los NYE. Antes de seguir leyendo, ¿qué ámbitos de actividad se te ocurren que podría haber incluido en cada una de estas áreas?

Veamos cuáles son esos ámbitos de actividad propuestos por Delors:

---

a) Los servicios de la vida diaria
   1. Los servicios a domicilio
   2. El cuidado de los niños
   3. Las nuevas tecnologías de la información y de la comunicación
   4. La ayuda a los jóvenes en dificultad y la inserción

b) Los servicios de mejora de la calidad de vida
   1. La mejora de la vivienda
   2. La seguridad
   3. Los transportes colectivos locales
   4. La revalorización de los espacios públicos urbanos
   5. Los comercios de proximidad

c) Los servicios culturales y de ocio
   1. El turismo
   2. El sector audiovisual
   3. La valorización del patrimonio cultural
   4. El desarrollo cultural local

d) Los servicios de medio ambiente
   1. La gestión de los residuos
   2. La gestión del agua
   3. La protección y el mantenimiento de las zonas naturales
   4. La normativa, el control de la contaminación y las instalaciones correspondientes

---

Por otro lado, el *Observatorio de las Ocupaciones del Servicio Público de Empleo Estatal*, unidad técnica que pertenece al Ministerio de Trabajo y Economía Social, se preocupa de analizar la situación y tendencia del mercado laboral, las ocupaciones y los colectivos de interés para el empleo y las transformaciones que se producen en el mismo. Toda esta información se recoge en el informe que elabora anualmente *«Informe del Mercado de Trabajo Estatal»*.

En el último informe elaborado (con datos de 2024) se estudiaron los **perfiles y competencias** que los empleadores buscaron para cubrir puestos de trabajo mediante el seguimiento de las ofertas publicadas en los portales de empleo de internet. El resultado de las ocupaciones más contratadas durante 2023 se muestra en la siguiente tabla[5]:

OCUPACIONES CON MÁS CONTRATOS
1. Camareros asalariados
2. Peones agrícolas (excepto en huertas, invernaderos, viveros y jardines)
3. Peones de industrias manufactureras
4. Personal de limpieza de oficinas, hoteles y otros establecimientos similares
5. Vendedores en tiendas y almacenes
6. Peones agrícolas en huertas, invernaderos, viveros y jardines
7. Peones del transporte de mercancías y descargadores
8. Ayudantes de cocina
9. Monitores de actividades recreativas y de entretenimiento
10. Cocineros asalariados
11. Empleados administrativos con tareas de atención al público
12. Albañiles
13. Auxiliares de enfermería hospitalaria
14. Conductores asalariados de camiones
15. Peones de la construcción de edificios

Fuente: Elaborado por el Observatorio de las Ocupaciones del SEPE a partir de los datos del SISPE. Total año 2023.

LAS 10 OCUPACIONES MÁS CONTRATADAS POR SEXO	
Hombres	Mujeres
Peones agrícolas	Camareras
Camareros	Personal de limpieza
Peones industrias manufactureras	Vendedoras
Peones hortofrutícolas	Peones industrias manufactureras
Albañiles	Peones agrícolas
Peones transporte	Administrativo atención al público
Vendedores	Monitoras actividades recreativas
Conductores de camiones	Auxiliares enfermería
Conductores de automóviles	Ayudantes de cocina
Peones construcción	Empleadas domésticas

Fuente: Elaborado por el Observatorio de las Ocupaciones del SEPE a partir de los datos del SISPE. Total año 2023.

> Hagamos un ejercicio y asociemos estos perfiles profesionales más demandados por los empleadores en los portales de empleo de internet con los NYE propuestos por Jacques Delors. ¿En qué ámbito los encajarías?

---

[5] Para el alumno que quiera profundizar en el desarrollo de este estudio y sus conclusiones puede consultar el documento «Informe del Mercado de Trabajo Estatal. Datos 2023. Observatorio de las ocupaciones del Servicio Público de Empleo Estatal.

Si hubiera que reseñar brevemente el denominador común que caracteriza a la oferta de empleo que circula por la web, independientemente de las particularidades de cada ocupación, señalaríamos los siguientes puntos:

- Se valora especialmente la actitud del candidato ante el trabajo, por lo que las habilidades relacionadas con la persona y el grupo están muy presentes.

- La formación base en la ocupación se considera requisito inherente. Dada la descompensación entre oferta y demanda, el nivel de exigencia formativa se incrementa.

- El conocimiento de idiomas se requiere de manera generalizada, ya no es exclusiva de ocupaciones cualificadas o técnicas.

- La movilidad, tanto geográfica como funcional, se ha incorporado a las relaciones laborales definitivamente.

- Polivalencia y especialidad son dos caras de una misma moneda que aportan valor al candidato e incrementan su empleabilidad.

- Tener competencias y habilidades comerciales es otro aspecto fundamental muy valorado en el mercado laboral terciarizado.

Como habrás observado, algunas de estas competencias son similares a las características que señalan Lisbona Bañuelos, Ana; Palací Descals, Francisco J., y Moriano León, Juan Antonio en su estudio «*La empleabilidad como estrategia de integración y desarrollo*» editado por la UNED.

1.2.4. Modalidades de empleo: tipos de contrato, autoempleo y trabajo a distancia

1. Un **contrato de trabajo** es un acuerdo, verbal o escrito, entre un empleador y un trabajador por el que cada una de las partes se compromete a cumplir una serie de obligaciones y a disfrutar de una serie de derechos. En líneas generales, el trabajador tiene la obligación de prestar determinados servicios por cuenta del empresario y bajo su dirección. El empresario, por su parte, se compromete a retribuir económicamente al trabajador por su actividad y a velar por sus derechos.

   Según se establece en el artículo 4 de la sección 2.ª del Estatuto de los Trabajadores, los trabajadores tienen los siguientes **derechos** y **obligaciones** en cuanto a la relación de trabajo:

Derechos	Obligaciones
• A la ocupación efectiva durante la jornada de trabajo. • A la promoción y formación en el trabajo. • A no ser discriminados para acceder a un puesto de trabajo. • A percibir puntualmente la remuneración pactada. • Los demás derechos que se establezcan en el contrato de trabajo.	• Cumplir las obligaciones concretas del puesto de trabajo conforme a los principios de buena fe y diligencia. • Cumplir las medidas de seguridad e higiene que se adopten. • Cumplir las órdenes e instrucciones del empresario en el ejercicio de su función directiva. • No realizar la misma actividad que la empresa en competencia con ella. • Contribuir a mejorar la productividad. • Los demás que se establezcan en el contrato de trabajo.

En la actualidad los **modelos de contratación** se han reducido a cuatro[6] y cada uno de ellos incluye varios tipos en función de las cláusulas específicas que recogen las peculiaridades de los trabajadores y/o empleadores, incentivos, características, normativas...

Estos cuatro modelos de contrato son:

a) Contrato indefinido

b) Contrato temporal

c) Contrato Formación en Alternancia

d) Contrato formativo para la obtención de la práctica profesional

a) **Contrato indefinido**

Definición:

• No se establecen límites de tiempo en cuanto a la duración del contrato en la prestación de los servicios.

• Puede ser verbal o escrito.

• Puede celebrarse a jornada completa, parcial o para la prestación de servicios fijos discontinuos.

---

[6] Dentro de la política de información y atención al ciudadano del Ministerio de Empleo y Seguridad Social, el SEPE ha diseñado la *Guía de contratos* (Marzo 2020). En esta *Guía de Contratos* quedan recogidos los cuatro modelos de contratos con sus características y las cláusulas específicas de cada uno de ellos dependiendo de las peculiaridades del trabajador y/o empresario. Asimismo, en cada uno de estos modelos se recoge su normativa correspondiente. Para el alumno que desee profundizar en cada uno de estos contratos puede consultar la Guía en el siguiente enlace: https://www.sepe.es/HomeSepe/es/que-es-el-sepe/comunicacion-institucional/publicaciones/publicaciones-oficiales/listado-pub-empleo/guia-contratos/guia-contratos-introduccion.html

Los contratos indefinidos se pueden clasificar en función de si atienden a unas *cláusulas generales*, que es el contrato indefinido ordinario, o a unas *cláusulas específicas*. Se diferencian 18 tipos de cláusulas específicas dentro del contrato indefinido. Cada una de estas cláusulas se corresponde con un tipo de contrato indefinido con unas características específicas. En cada uno de estos 18 tipos de contrato indefinido se describen elementos comunes como **requisitos que debe cumplir el trabajador y la empresa, obligaciones de la empresa, incentivos y normativa.** En este punto del manual no vamos a detenernos en estos aspectos. Sin embargo, el alumno que quiera profundizar en ellos puede recurrir a la Guía de contratos del SEPE.

Cláusulas generales	Cláusulas específicas
1. *Contrato indefinido ordinario*	1. *Personas con discapacidad*
	2. *Personas con discapacidad en centros especiales de empleo*
	3. *Personas con discapacidad procedentes de enclaves laborales*
	4. *Personas con discapacidad intelectual límite*
	5. *Personas trabajadoras readmitidas tras haber cesa en la empresa por incapacidad permanente total o absoluta*
	6. *Personas desempleadas de larga duración*
	7. *Personas trabajadoras en situación de exclusión social*
	8. *Personas trabajadorus en situación de exclusión social en empresas de inserción*
	9. *Mujeres víctimas de violencia de género, de violencias sexuales u de trata de seres humanos, tanto con fines de explotación sexual como laboral*
	10. *Personas víctimas del terrorismo*
	11. *Personas jóvenes con baja cualificación beneficiarios del sistema nacional de garantía juvenil*
	12. *Personas que realizan formación práctica en empresas*
	13. *Personas trabajadoras procedentes de un contrato formativo (formación en alternancia y formativo para obtención de práctica profesional) de una empresa de trabajo temporal*
	14. *Servicio del hogar familiar*
	15. *Conversión de contratos formativos y temporal para el fomento del empleo de personas con discapacidad en indefinido*
	16. *Conversión de contratos formativos (formación en alternancia y formativo para obtención de práctica profesional) y de relevo en indefinido y la transformación en contratos fijos-discontinuos de contratos temporales suscritos con personas trabajadoras por cuenta ajena agrarias*
	17. *Trabajo en grupo*
	18. *Alta dirección*

Como hemos comentado antes, en cada uno de estos tipos de contrato la empresa y el trabajador deben cumplir una serie de requisitos para poder beneficiarse de unos incentivos. Asimismo, cada una de las cláusulas específicas tiene asociada una normativa reguladora.

b) Contrato temporal

Definición:

- Tiene por objeto el establecimiento de una relación laboral entre empresario y trabajador por un tiempo determinado.

- Se puede celebrar a jornada completa o parcial.

- Se formalizará por escrito aunque podrá ser verbal cuando en la situación eventual por circunstancias de la producción la duración del mismo sea inferior a cuatro semanas y la jornada completa.

Al igual que ocurre con el contrato indefinido, en el contrato temporal también existen cláusulas específicas. En este caso, son 23 y cada una de ellas presenta unos elementos comunes como **formalización, duración y jornada, extinción, normativa, requisitos de trabajadores y empresas e incentivos.** Aunque no nos detendremos a explicarlas sí las enumeraremos para que el orientador laboral las considere.

Cláusulas específicas
1. *Contrato temporal*
2. *Por circunstancias de la producción*
3. *Sustitución de persona trabajadora*
4. *Sustitución para sustituir a trabajadores en formación por trabajadores beneficiarios de prestaciones por desempleo*
5. *Sustitución para sustituir a trabajadores durante los períodos de descanso por nacimiento, adopción, acogimiento, riesgo durante el embarazo, riesgo durante la lactancia natural o suspensión por paternidad, ejercicio corresponsable del cuidado del menor o de la menor lactante*
6. *Sustitución para sustituir bajas por incapacidad temporal de personas con discapacidad*
7. *Sustitución para sustituir a trabajadoras víctimas de violencia de género o violencias sexuales*
8. *Para personas trabajadoras en situación de exclusión social por empresas de inserción*
9. *Fomento de empleo para personas trabajadoras en situación de exclusión social en empresas de inserción*
10. *Jubilación parcial*
11. *Contrato temporal de relevo*
12. *Contrato vinculado a programas de activación para el empleo*
13. *Servicio del hogar familiar*
14. *Para personas con discapacidad*
15. *Personas con discapacidad en centros especiales de empleo*
16. *Acceso de personal investigador doctor*
17. *Personal investigador predoctoral en formación*
18. *Para penados en instituciones penitenciarias*
19. *Para menores y jóvenes, en centros de menores sometidos a medidas de internamiento*
20. *Trabajo en grupo*
21. *Alta dirección*
22. *Otros*
23. *Sustitución por anticipación de la edad de jubilación*

c) **Contrato para la formación en alternancia**

Definición:

- Tiene por objeto compatibilizar la actividad laboral retribuida con los correspondientes procesos formativos en el ámbito de la Formación Profesional, los estudios universitarios o del Catálogo de especialidades formativas del Sistema Nacional de Empleo.

  La actividad laboral desempeñada debe complementar, coordinarse e integrarse con la actividad formativa.

  El puesto de trabajo debe permitir la formación complementaria prevista y la actividad laboral desempeñada en la empresa debe estar directamente relacionada con la actividad formativa que justifica la contratación laboral.

- Su formalización debe hacerse por escrito.

En este contrato hay cuatro cláusulas específicas. Los aspectos comunes que se repiten en las diferentes modalidades del contrato son sus **características propias, requisitos de los trabajadores y empresarios, formalización, duración y jornada, actividad formativa, régimen transitorio de la actividad formativa, incentivos, conversión y normativa reguladora.**

Cláusulas generales	Cláusulas específicas
1. Contrato para la formación en alternancia ordinario	1. Para la formación en alternancia celebrado por empresas de trabajo temporal (ETT).
	2. Para la formación en alternancia en programas de empleo y formación.
	3. Para la formación en alternancia celebrado con personas con discapacidad.
	4. Para la formación en alternancia celebrado con personas con capacidad intelectual límite.

d) **Contrato formativo para la obtención de la práctica profesional**

Definición:

- Su finalidad es la obtención por parte del trabajador de la práctica profesional adecuada al nivel de estudios cursados. No se trata de adquirir experiencia en un trabajo determinado, sino de que esa experiencia verse sobre los estudios cursados.

- Este contrato se podrá concertar con quienes estén en posesión de título universitario o de formación profesional de grado medio o superior, especialista, máster profesional o certificado del sistema de formación profesional, de acuerdo con lo previsto en la Ley Orgánica 5/2002, de 19 de junio, de las Cualificaciones y de la Formación Profesional, así como con quienes posean un título equivalente de enseñanzas artísticas o deportivas del sistema educativo, que habiliten o capaciten para el ejercicio de la actividad laboral.

- Su formalización deberá constar por escrito.

En el contrato de prácticas también existen *cláusulas específicas.* En este caso, hay dos: *cláusulas específicas del contrato formativo para la adquisición de la práctica profesional celebrado por empresas de trabajo temporal (ETT) y cláusulas específicas del contrato formativo para la adquisición de la práctica profesional para personas con discapacidad.* La *cláusula general* hace referencia *al contrato formativo para la adquisición de la práctica profesional ordinario.* Los elementos comunes que se repiten en sendas modalidades del contrato, a saber, **características del contrato, requisitos de los trabajadores, formalización, duración y jornada, incentivos y normativa reguladora.**

Cláusulas generales	Cláusulas específicas
Contrato formativo para la adquisición de la práctica profesional ordinario	• Cláusulas específicas del contrato formativo para la adquisición de la práctica profesional celebrado por empresas de trabajo temporal (ETT). • Cláusulas específicas del contrato formativo para la adquisición de la práctica profesional para personas con discapacidad.

2. Otra modalidad de empleo que de un tiempo a esta parte está en continuo crecimiento es el **autoempleo**. Algunos de los motivos que favorecen el crecimiento de esta modalidad son la acelerada destrucción de puestos de trabajo en empresas, el cierre de las mismas y la ralentización de la co tratación. El autoempleo es una opción profesional que ofrece el mercado laboral y a través de la cual una persona puede realizar una actividad económica de forma independiente trabajando para sí misma. Existen varios modos mediante los que el autoempleo se hace efectivo:

- **El autónomo clásico**, titular de un establecimiento comercial, agricultor y profesionales diversos.

- **El emprendedor**, aquel que se encuentra en una fase inicial y de arranque de una actividad económica o profesional.

- **Los autónomos económicamente dependientes.** Son trabajadores autónomos que, aún siendo autónomos funcionales, desarrollan su actividad con una fuerte y casi exclusiva dependencia económica del empresario o cliente que los contrata. Son trabajadores que están entre el autónomo clásico y el trabajador por cuenta ajena y, en ocasiones, su figura se ha utilizado de manera indebida. Por este motivo, ha sido necesario su reconocimiento y con él la eliminación de las zonas fronterizas entre las tres categorías, así como su definición restrictiva y delimitación conforme a criterios objetivos.

- **Los socios trabajadores de cooperativas y sociedades laborales.**

- **Los administradores de sociedades mercantiles.**

Definición: el trabajador autónomo es la persona física que realiza de forma habitual, personal, directa, por cuenta propia y fuera del ámbito de dirección y organización de otra persona, una actividad económica o profesional a título lucrativo, dé o no ocupación a trabajadores por cuenta ajena. Este trabajador está adscrito al tipo de cotización de Régimen Especial de Trabajadores Autónomos.

La Seguridad Social contempla los siguientes tipos de cotización:

Bases y tipos de cotización 2024
1. Régimen General de la Seguridad Social
2. Sistema Especial para Empleados de Hogar
3. Sistema Especial para Empleados de Hogar
4. Sistema Especial para Trabajadores por Cuenta Ajena Agrarios. Períodos de actividad.
5. Sistema Especial Trabajadores Cuenta Ajena Agrarios Períodos de inactividad
6. Régimen Especial de Trabajadores del Mar
7. Régimen Especial Trabajadores Autónomos
8. Colectivo Especial de Artistas
9. Colectivo Especial de Profesionales Taurinos
10. Contratos para la formación y aprendizaje y contratos formativos en alternancia
11. Prácticas formativas o prácticas académicas externas incluidas en los programas de formación.

Cuando trabajamos por cuenta ajena estamos sujetos al Régimen General de la Seguridad Social. Sin embargo, la Seguridad Social contempla otro tipo de Regímenes que considera Especiales y entre ellos se encuentran los trabajadores autónomos.

Normativa: esta modalidad de trabajo está regulada por el *Estatuto del trabajo autónomo* aprobado por la *Ley 20/2007, de 11 de julio, del Estatuto del trabajo autónomo* y determina:

- *El ámbito de aplicación:* en este punto se incluye una definición genérica del trabajador autónomo y se añaden los colectivos específicos incluidos y excluidos.

- *El régimen profesional del trabajador autónomo:* en este punto se establecen las fuentes del régimen profesional, un catálogo de derechos y deberes, normas en materia de prevención de riesgos laborales, protección de menores y las garantías económicas. Asimismo, se reconoce y regula la figura del *trabajador autónomo económicamente dependiente* que explicamos al hablar de los diferentes tipos de trabajadores autónomos.

- *Los derechos colectivos de los trabajadores autónomos y se define la representatividad de sus asociaciones.*

- *Principios generales de protección social:* en este punto se recogen las normas generales de afiliación, cotización y acción protectora de la Seguridad Social de los trabajadores autónomos. Asimismo, se reconoce la posibilidad de establecer reducciones o bonificaciones en las bases de cotización o en las cuotas de la Seguridad Social para determinados colectivos autónomos. Por otro lado, se reconoce la posibilidad de jubilación anticipada para aquellos trabajadores autónomos que desarrollen una actividad tóxica, peligrosa o penosa, en las mismas condiciones previstas para el Régimen General.

- *Fomento del trabajo autónomo:* en esta parte de la ley se establecen medidas dirigidas a promover la cultura emprendedora, a reducir los costes en el inicio de la actividad, a impulsar la Formación Profesional y a favorecer el trabajo autónomo a través de una política fiscal adecuada.

Trámites para iniciar una actividad

- *Inscripción y/o alta en la Seguridad Social:* debe realizarse en el Régimen Especial de la Seguridad Social de Trabajadores Autónomos en las Direcciones Provinciales de la Tesorería General de la Seguridad Social o Administraciones de la misma, en los treinta días naturales siguientes al inicio de la actividad. Esta información viene recogida en el Capítulo 31 sobre el Régimen Especial de Trabajadores Autónomos.

- *Alta en el Impuesto de Actividades Económicas:* debe realizarse en la Delegación de Hacienda o en la Agencia Estatal de la Administración Tributaria.

- *En caso de apertura de un local:* una vez que el empresario resuelva los trámites de carácter civil, mercantil, fiscal o financiero, debe comunicarlo con carácter previo o dentro de los treinta días siguientes a la apertura de un centro de trabajo o la reanudación de su actividad a la Autoridad Laboral competente, a efectos del control de las condiciones de Seguridad y Salud Laboral.

- *Inscripción de patentes, modelos, diseños industriales y marcas, rótulos o nombres comerciales:* en este caso, se debe realizar en el Registro de la Propiedad Intelectual.

Promoción del empleo autónomo: son un paquete de medidas diseñadas por el Gobierno *destinadas a los desempleados* para facilitar su constitución como trabajadores autónomos o por cuenta propia. Para poder beneficiarse de estas medidas es requisito imprescindible que los trabajadores estén desempleados o inscritos como demandantes de empleo en los Servicios Públicos de Empleo en el momento en que se establezcan como trabajadores autónomos.

Estas medidas a 2024 consisten en:

a) *Subvenciones:*

- *Subvención por establecimiento como persona trabajadora autónoma o por cuenta propia* y, en su caso, la consolidación del proyecto emprendedor, incluyendo la constitución y consolidación de los proyectos emprendedores que tengan su origen en un proyecto anterior que sea objeto de transformación, relevo o sucesión por parte de la persona ocupada o desempleada, por sí sola o en asociación con otras.

  Los beneficiarios son aquellas personas desempleadas e inscritas como demandantes de empleo y servicios en los Servicios Públicos de Empleo cuando se establecen como personas trabajadoras autónomas o por cuenta propia.

- *Subvención financiera,* consiste en la reducción de hasta 4 puntos de interés fijado por la entidad de crédito que concede el préstamo destinado a financiar las inversiones para la creación y puesta en marcha de la empresa.

- *Subvención para la asistencia técnica,* para la financiación parcial de la contratación externa de servicios necesarios para mejorar el desarrollo de la actividad empresarial, estudios de viabilidad, comercialización, diagnosis u otros de naturaleza análoga.

- *Subvención para la adaptación del puesto de trabajo,* consiste en la financiación para la adaptación e inclusión de medidas de accesibilidad universal, cognitivas y de comunicación, dotación de medios de protección para evitar riesgos laborales y eliminación de barreras arquitectónicas u obstáculos que impidan o dificulten su trabajo. Esta subvención se concede cuando la persona desempleada que se constituya como persona trabajadora autónoma tenga reconocido un grado de discapacidad igual o superior al 33 por ciento.

- **Obligaciones de los beneficiarios.** Los destinatarios de las subvenciones están obligados a realizar la actividad que fundamenta la concesión de la subvención y a *mantener su actividad empresarial y su alta en la Seguridad Social o equivalente durante al menos 3 años.*

b) *Bonificaciones en las cotizaciones a la Seguridad Social en el Régimen Especial de Trabajadores Autónomos.* Destinadas a personas recién incorporadas al Régimen Especial de Trabajadores Autónomos (RETA) en general, trabajadores autónomos menores de 30 años (o 35 años en el caso de mujeres), personas con discapacidad (inicial o sobrevenida), víctimas de violencia de género y víctimas del terrorismo que se establezcan como trabajadores por cuenta propia, trabajadores por cuenta propia agrarios, trabajadores autónomos de Ceuta y Melilla, personas trabajadoras autónomas durante el descanso por nacimiento, adopción, guarda con fines de adopción, acogimiento, riesgo durante el embarazo o riesgo durante la lactancia natural, trabajadoras autónomas que se reincorporen al trabajo en determinados supuestos, altas de familiares colaboradores de trabajadores autónomos, contratación de familiares del trabajador autónomo y por conciliación de la vida profesional y familiar vinculada a la contratación.

c) *Capitalización de las prestaciones por desempleo.* A las personas beneficiarias, se abonan las de prestaciones por desempleo de ámbito contributivo hasta el 100 % del valor del importe de dicha prestación, en los siguientes supuestos:

Cuando se constituyan como trabajadores autónomos. En este supuesto, el abono de la prestación se realizará de una sola vez por el importe que corresponda a la inversión necesaria para el desarrollo de la actividad por cuenta propia, incluido el importe de las cargas tributarias para el inicio de la actividad.

Cuando capitalicen la prestación para destinar hasta el 100 % de su importe a realizar una aportación al capital social de una entidad mercantil de nueva constitución o constituida en un plazo máximo de doce meses anteriores a la aportación, siempre que vayan a poseer el control efectivo de la misma y a ejercer en ella una actividad profesional, encuadrados en el RETA o en el Régimen Especial de la Seguridad Social de los Trabajadores del Mar.

d) *Compatibilización de la percepción de la prestación por desempleo con el trabajo por cuenta propia.* Cuando así lo establezca algún programa de fomento al empleo destinado a colectivos con mayor dificultad de inserción en el mercado de trabajo, se podrá compatibilizar la percepción de la prestación por desempleo pendiente de percibir con el trabajo por cuenta propia, en cuyo caso la entidad gestora podrá abonar al trabajador el importe mensual de la prestación en la cuantía y duración que se determinen, sin incluir la cotización a la Seguridad Social.

Asimismo, los beneficiarios de la prestación por desempleo de ámbito contributivo que se constituyan como trabajadores por cuenta propia, podrán compatibilizar la percepción mensual de la prestación que les corresponda con el trabajo autónomo, por un máximo de 270 días, o por el tiempo inferior pendiente de percibir, siempre que se cumplan los requisitos y condiciones siguientes:

a) Que el beneficiario de la prestación por desempleo de nivel contributivo sea menor de 30 años en la fecha de inicio de la actividad por cuenta propia y no tenga trabajadores a su cargo.

b) Que se solicite a la entidad gestora en el plazo de 15 días a contar desde la fecha de inicio de la actividad por cuenta propia, sin perjuicio de que el derecho a la compatibilidad de la prestación surta efecto desde la fecha de inicio de tal actividad. Transcurrido dicho plazo de 15 días el trabajador no podrá acogerse a esta compatibilidad.

c) *Otras medidas*, como aplazamiento y fraccionamiento de cuotas, revisión de módulos, rescate planes de pensiones...

3. La última modalidad de empleo que veremos aquí es el **trabajo a distancia**.

Definición: se considera trabajo a distancia el que, en la prestación de la actividad laboral, se realiza de manera preponderante en el **domicilio del trabajador** o en el lugar libremente elegido por este, de modo alternativo a su desarrollo presencial en el centro de trabajo de la empresa.

Características:

• El acuerdo por el que se establezca el trabajo a distancia **se formalizará por escrito**.

- Los trabajadores a distancia **tienen los mismos derechos** que los que prestan sus servicios en el centro de trabajo de la empresa, salvo aquellos que sean inherentes a la realización de la prestación laboral en el mismo de manera presencial.

- El trabajador a distancia tendrá derecho a percibir, como mínimo, la retribución total establecida conforme a su grupo profesional y funciones.

- El empresario deberá establecer los medios necesarios para asegurar el **acceso efectivo de estos trabajadores a la Formación Profesional para el empleo**, a fin de favorecer su promoción profesional.

- El empresario, a fin de posibilitar la movilidad y promoción, deberá informar a los trabajadores a distancia de la existencia de puestos de trabajo vacantes para su desarrollo presencial en sus centros de trabajo.

- Los trabajadores a distancia tienen **derecho a una adecuada protección en materia de seguridad y salud** resultando de aplicación, en todo caso, lo establecido en la Ley 31/1995, de 8 de noviembre, de Prevención de Riesgos Laborales, y su normativa de desarrollo.

- Los trabajadores a distancia podrán ejercer los **derechos de representación colectiva** conforme a lo previsto en la presente Ley. A estos efectos dichos trabajadores deberán estar adscritos a un centro de trabajo concreto de la empresa.

Normativa: ley 10/2021, de 9 de julio, de trabajo a distancia.

1.3. Itinerarios formativos y profesionales

Una orientación profesional basada en itinerarios aplica una metodología en la que la persona es la protagonista y se debe responsabilizar de su propio proceso. Un **itinerario** es un conjunto de acciones que se organizan en un proceso personalizado y lógico que tiene como objetivos la inserción y el desarrollo profesional de los alumnos, especialmente a partir de la información y el asesoramiento individual.

En cualquier caso y esto es muy importante, la decisión que toma el alumno sobre su trayectoria profesional es EXCLUSIVAMENTE suya. Nuestra labor como orientadores se basa en suministrar información necesaria para ayudar al alumno a tomar SU decisión. La elección de un oficio, de una carrera o de un itinerario formativo produce un importante impacto en la persona, en su ámbito personal, profesional, social y familiar. Por este motivo, nosotros ofreceremos información y el alumno decidirá.

Un **itinerario formativo** es el conjunto de actividades dirigidas a adquirir la formación reglada y no reglada necesaria para desempeñar una profesión. No solo se refiere a la formación académica. Recuerda que los Certificados de Profesionalidad se consideran parte de la formación no reglada y sí nos ofrecen la posibilidad de adquirir competencias profesionales que nos permitan desempeñar con calidad un puesto de trabajo concreto. Por su parte, el **itinerario profesional** es el plan de acción compuesto por todas las iniciativas y acciones necesarias para lograr el objetivo profesional.

En el marco de las políticas activas de empleo, la articulación del itinerario individual y personalizado de empleo se configura como un *derecho* para las personas desempleadas y como una *obligación* para los Servicios Públicos de Empleo. Para **solicitar** este servicio, el demandante de empleo tiene que dirigirse a su oficina de empleo donde le darán cita con un asesor de empleo.

El itinerario consta de tres elementos centrales:

a) *Diagnóstico individualizado* sobre el perfil, las necesidades y expectativas de la persona desempleada mediante entrevistas personalizadas.

b) *Información y gestión de ofertas de empleo* adecuadas a su perfil y disponibilidad, incluyendo las procedentes de los otros países de la Unión Europea. (Red Eures).

c) *Información y asesoramiento* sobre el mercado de trabajo, medidas de fomento de empleo, acceso y tramitación de las mismas, modalidades y normas de contratación, diseño de planes formativos acordes a sus necesidades, expectativas y su objetivo profesional y ayudas para la formación de las personas trabajadoras (en activo y/o desempleados) que ofrece el SEPE.

Así, construiremos junto con el usuario un itinerario individual que supondrá el acceso a estas actuaciones recogidas en el Catálogo de Servicios a la ciudadanía de los Servicios Públicos de Empleo:

• *Servicios de orientación e información para el empleo y el autoempleo,* de mejora de la cualificación profesional y de la empleabilidad, así como contactos con las empresas, entidades y organismos públicos para facilitar la inserción laboral.

• *Oferta de acciones de Formación Profesional para el Empleo,* con posibilidad de acreditación oficial a través del Repertorio de Certificados de

Profesionalidad cuando estén vinculadas al Catálogo Nacional de Cualificaciones.

- *Evaluación y,* en su caso, *reconocimiento de las competencias* adquiridas mediante la experiencia laboral mediante la acreditación oficial de su cualificación.

- *Información, asesoramiento y tutorización* para la creación, gestión y funcionamiento de empresas.

- *Acompañamiento a las personas emprendedoras* en la puesta en marcha de su iniciativa empresarial.

Para su **realización** será necesaria la suscripción y firma de un *Acuerdo Personal de Empleo.* Mediante este acuerdo, por una parte, la persona beneficiaria del itinerario se compromete a participar activamente en las acciones para la mejora de su empleabilidad y de búsqueda activa de empleo, o la puesta en marcha de una iniciativa empresarial, y, por otra parte, el Servicio Público de Empleo se compromete a la asignación y planificación de las acciones y medidas necesarias. En el caso de personas beneficiarias de prestaciones y subsidios por desempleo, este acuerdo personal de empleo formará parte del compromiso de actividad.

Los Servicios Públicos de Empleo (estatal y/o autonómico) serán responsables, en su ámbito territorial, de la realización, seguimiento, evaluación y posible redefinición de los itinerarios individuales y personalizados de empleo y, en su caso, derivarán la realización de las acciones que hay que desarrollar por las personas demandantes de empleo a las entidades colaboradoras.

Ahora bien, para poder elaborar y desarrollar un itinerario ajustado al alumno y con posibilidades de éxito, uno de los pasos principales es dedicar un tiempo al autoconocimiento y a definir su objetivo profesional. En el anterior punto del manual nos detuvimos en el autoconocimiento y, a continuación, nos detendremos en la definición del objetivo profesional por parte del alumno.

Definir su **objetivo profesional** le facilitará el acceso a un puesto de trabajo que se corresponda con sus características, habilidades y expectativas. El objetivo profesional debe ser:

- *Realista:* que se pueda conseguir.

- *Motivador:* que suponga un reto.

- *Flexible y adaptable:* que se adapte a la situación y del mercado laboral.

Para ayudar a definirlo, plantearemos las siguientes cuestiones:

OBJETIVO PROFESIONAL

a) **¿Qué quiero hacer?**

Supone elegir una ocupación que quiera desempeñar en un plazo de tiempo que puede ser corto, medio o largo. Esta ocupación debe estar acorde a sus intereses, motivaciones, gustos, necesidades...

Conocer los diferentes sectores profesionales y las áreas profesionales incluidas en cada uno de ellos, así como las funciones que se desempeñan en cada puesto de trabajo ayudarán a definir el objetivo profesional.

Por otro lado, es conveniente que el alumno tenga claro qué tipo de trabajo está buscando y qué características debe cumplir el empleo ideal. Aunque posteriormente tenga que adaptarse a la realidad del mercado laboral.

¿Dónde quiero trabajar? ¿Qué tipos de empleo me interesan? ¿Qué disponibilidad tengo?

b) **¿Qué puedo hacer?**

Para responder a esta pregunta, el alumno debe elaborar un inventario personal que le permita reflexionar sobre sus posibilidades respecto a los puestos de trabajo que más le interesen. Es necesario que analice sus características personales, habilidades, formación, experiencia, intereses...

¿Qué sé hacer? ¿Se ajusta mi formación/experiencia a ese tipo de puestos? ¿Qué elementos destacan de mi candidatura?

En ocasiones, no coincidirán sus intereses personales con las ocupaciones que puede desempeñar surgiendo un desajuste que, a veces, se podrá reducir mediante formación y entrenamiento. Sin embargo, habrá ocasiones en las que no será así y deberá modificar su objetivo profesional. Recuerda que una de las características del objetivo profesional es que tiene que ser *realista*.

c) **¿Qué necesito?**

Para definir el objetivo profesional y diseñar el itinerario que hay que seguir deberemos recabar información acerca del mercado de trabajo y de los recursos formativos al alcance del alumno. Toda esta información se la facilitaremos al alumno para ayudarlo a definir un objetivo lo más realista, motivador y flexible posible.

¿Qué es lo que demanda el mercado laboral?

Mi objetivo profesional es:

Actividades

1.1. Rellena el espacio en blanco con la/s palabra/s que creas adecuadas:

1. El conjunto de roles, conocimientos, habilidades, destrezas, actitudes y valores necesarios para el desempeño de una profesión, conforme a las condiciones socioeconómico del contexto donde interactúa es _____

2. Para ofrecer un servicio de orientación personalizado y eficaz es necesario atender a estos cinco aspectos del usuario: _____ _____ _____

3. Los trabajadores que, aún siendo autónomos funcionales, desarrollan su actividad con una fuerte y casi exclusiva dependencia económica del empresario o cliente que los contrata son _____ _____

4. El conjunto de actividades dirigidas a adquirir la formación reglada y no reglada necesarias para desempeñar una profesión es un _____

1.2. Resuelve el siguiente crucigrama a partir de las definiciones ofrecidas:

HORIZONTALES

3. Acrónimo de las actividades económicas dirigidas a satisfacer las nuevas necesidades sociales.
6. Cuando las empresas dejan de llevar a cabo todo el proceso productivo y contratan determinados servicios.

VERTICALES

1. Herramienta diseñada para autoanalizar fortalezas, debilidades, amenazas y oportunidades de nuestro perfil profesional.
2. Acuerdo, verbal o escrito, entre un empleador y un trabajador.
4. Modo de autoempleo en el que el trabajador se encuentra en una fase inicial y de arranque de una actividad.
5. Conjunto de saberes: saber qué, saber hacer, saber estar y querer hacer.
7. Acciones organizadas en un proceso personalizado en el objetivo de inserción y desarrollo profesional.

1.3. Indica si los siguientes enunciados son verdaderos (V) o falsos (F):

Enunciados	V	F
1. El perfil profesional es inmutable.		
2. Para ofrecer un servicio de orientación personalizado y eficaz debemos atender a las características personales del usuario, a su formación, experiencia, habilidades y actitudes, así como intereses.		
3. La desestructuración del mercado laboral se da, entre otros motivos, por un desajuste cualitativo y cuantitativo entre la oferta y demanda de empleo.		
4. Los Certificados de Profesionalidad se consideran Formación no oficial.		
5. Las habilidades técnicas se refieren al conocimiento y la pericia para el adecuado desempeño de puestos de trabajo en un área técnica o de una función específica y son susceptibles de aprendizaje mediante el entrenamiento y la formación.		
6. Actualmente solo existen estos cuatro tipos de contrato: indefinido, temporal, de formación en alternancia y, por último, formativo para la obtención de la práctica profesional.		
7. Delors destaca tres áreas de necesidades sociales donde ubica los yacimientos de empleo: servicio de la vida diaria, servicios culturales y de ocio y servicios de medio ambiente.		
8. En el marco de las políticas activas de empleo la articulación del itinerario individual y personalizado de empleo es un derecho para las personas desempleadas y una obligación para los Servicios Públicos de Empleo.		
9. La definición del objetivo profesional no es un aspecto relevante en la elaboración y desarrollo de los itinerarios individualizados.		

1.4. El psicólogo John Holland, a través de su teoría tipológica, clasificó la personalidad y los ambientes ocupacionales en seis tipos. Une mediante flechas el tipo de personalidad y ambiente ocupacional que, según Holland, se relacionan.

Personalidad
1. Social
2. Investigador
3. Realista
4. Artístico
5. Emprendedor
6. Convencional

Ocupación
a) Decorador
b) Administrativo
c) Técnico en servicios a la comunidad
d) Físico
e) Político
f) Mecánico

1.

2.

3.

4.

5.

6.

1.5. Describe de qué manera benefician las siguientes características personales en el aumento de la empleabilidad, según el estudio editado por la UNED «La empleabilidad como estrategia de integración y desarrollo».

a) Inteligencia emocional

b) Polivalencia

c) Flexibilidad

1.6. Enumera las medidas diseñadas por el Gobierno para promocionar el empleo autónomo:

1.

2.

3.

4.

5.

Actividades prácticas

Caso práctico. Análisis del perfil profesional del alumnado del certificado «Habilitación para la docencia en Grados A, B y C del Sistema de Formación Profesional (SSCE0110)».

Contexto:

El centro de formación «Avanza» ofrece el certificado de profesionalidad «Habilitación para la Docencia en Grados A, B y C del Sistema de Formación Profesional (SSCE0110)». Este programa está destinado a personas que desean ser formadores en el ámbito de la Formación Profesional para el Empleo. Los estudiantes que se inscriben en este programa formativo provienen de diferentes sectores profesionales, con diversos niveles de experiencia, formación y competencias docentes previas.

En este contexto, los profesionales del centro tienen la tarea de realizar un análisis del perfil profesional del alumnado, con el fin de ofrecer una orientación personalizada y adaptar su formación a sus necesidades y expectativas profesionales. Este análisis será fundamental para detectar las fortalezas y áreas de mejora de los estudiantes, garantizando que puedan ejercer eficazmente como formadores en su futuro entorno profesional.

Objetivo del caso práctico:

> Analizar el perfil profesional del alumnado del certificado de profesionalidad SSCE0110 para adaptar el itinerario formativo a sus características individuales, necesidades y objetivos profesionales, y proporcionarles orientación sobre el desarrollo de sus competencias docentes.

Actividad que hay que realizar: recopilación de información sobre el perfil de los estudiantes y elaboración de una ficha de análisis del perfil profesional.

- Para obtener una visión completa del perfil profesional del alumnado, elabora una ficha de análisis del perfil profesional.

- Puedes realizarla en formato Word, Google Forms, Excel, Google Sheets o con cualquier otra herramienta digital accesible.

- Incluye información sobre todos los aspectos que consideres relevantes para analizar el perfil profesional del alumnado.

Ejemplo de información a incluir en la ficha:

Ficha de análisis del perfil profesional
1. Formación académica: • Titulaciones obtenidas, especificando títulos obtenidos, fecha de finalización y el centro que lo otorgó. • Formación relacionada con la docencia y la formación para el empleo: cursos, seminarios, o estudios previos relacionados con la docencia o la Formación Profesional, incluyendo formación pedagógica o cursos específicos en su área profesional. • Cursos previos de especialización: programas de formación especializados en el área en la que desean ejercer como docentes.
2. Experiencia profesional: • Años de experiencia laboral en el sector: número de años de experiencia en el sector relacionado con la formación que desean impartir. • Roles desempeñados: cargos y responsabilidades asumidas en el ámbito profesional, así como el tipo de trabajo realizado (por ejemplo, técnicos, coordinadores, operativos, etc.). • Nivel de responsabilidad: nivel de responsabilidad alcanzado en sus puestos anteriores.

3. Competencias y habilidades docentes previas:
• Experiencia previa como formador/docente (entornos educativos, laborales, cursos privados, formación interna en empresas, etc.).
• Capacidades pedagógicas: metodologías de enseñanza conocidas, como aprendizaje basado en proyectos, técnicas de motivación, habilidades comunicativas, evaluación del aprendizaje…
• Manejo de herramientas digitales: nivel de conocimiento de herramientas y plataformas educativas:
  — Google Classroom
  — Moodle
  — Otras plataformas *e-learning*
  — Herramientas de videoconferencias
  — Plataformas de gestión de aprendizaje
  — Otras

4. Expectativas profesionales:
• Ámbitos en los que desean ser docentes: áreas o materias específicas.
• Tipos de formación en los que están interesados:
  — Modalidad presencial
  — *E-learning*
  — Semipresencial
• Expectativas salariales, según su área de especialización y nivel formativo.

5. Fortalezas y áreas de mejora: • Fortalezas, tanto en el ámbito profesional como en el docente. • Áreas de mejora.

GLOSARIO

- **Características personales:** rasgos y cualidades individuales, como la personalidad, la motivación o la adaptabilidad, que influyen en el desarrollo profesional de una persona.

- **Competencias básicas:** aquellas que son consideradas necesarias para la realización y desarrollo personal, para participar activamente en la sociedad o mejorar la empleabilidad.

- **Competencia profesional:** el conjunto de conocimientos y destrezas que permiten el ejercicio de la actividad profesional conforme a las exigencias de la producción y el empleo.

- **Contexto sociolaboral:** entorno social y económico que influye en las oportunidades y exigencias del mercado laboral.

- **Cualificación:** la competencia para el desempeño de una actividad profesional acreditada oficialmente por títulos, certificados o acreditaciones.

- **Experiencia profesional:** trayectoria laboral previa que aporta habilidades prácticas y conocimientos específicos, valorados en el mercado de trabajo.

- **Formación:** conjunto de conocimientos teóricos y prácticos adquiridos a través de estudios reglados o no reglados, esenciales para desempeñar un rol profesional.

- **Habilidades laborales:** capacidades prácticas (como la resolución de problemas) y comportamientos (como la proactividad o el trabajo en equipo) que son clave para el éxito laboral.

- **Itinerario formativo:** el proyecto construido por cada persona, con la ayuda, si se precisa, de los servicios de orientación profesional, para adquirir, actualizar, completar y ampliar sus competencias a lo largo de su vida.

- **Itinerarios profesional:** ruta personalizada de experiencia laboral diseñada para mejorar la empleabilidad y/o alcanzar objetivos profesionales específicos.

- **Marco Español de las Cualificaciones:** el instrumento, internacionalmente reconocido, que orienta la nivelación coherente de las titulaciones para su clasificación, relación y comparación y que sirve, asimismo, para facilitar la movilidad de las personas en el espacio europeo y en el mercado laboral internacional.

- **Modalidades de empleo:** formas de relación laboral, como los contratos temporales, indefinidos, el autoempleo o el teletrabajo, adaptadas a las necesidades del mercado actual.

- **Orientación individualizada:** proceso de asesoramiento adaptado a las características y necesidades únicas de cada persona, con el objetivo de ayudarle a identificar y alcanzar sus metas profesionales.

- **Perfil profesional:** conjunto de competencias, habilidades, formación y experiencia que definen la capacidad de una persona para desempeñar un puesto de trabajo específico.

- **Profesiones emergentes:** nuevas ocupaciones que surgen debido a cambios tecnológicos, sociales o económicos, con alta demanda en el mercado laboral.

- **Requisitos (del puesto):** condiciones y competencias necesarias para acceder a un puesto de trabajo, como conocimientos técnicos o certificaciones específicas.

- **Tendencias (del mercado laboral):** evolución de las demandas y características del empleo, como la digitalización o el crecimiento de sectores específicos.

- **Yacimientos de empleo:** sectores o actividades económicas con potencial para generar una gran cantidad de empleos en el futuro.

MAPA CONCEPTUAL

ANÁLISIS DEL PERFIL PROFESIONAL

EL PERFIL PROFESIONAL

- Identificar:
  · El *saber qué* (conocimientos)
  · El *saber hacer* (habilidades
    y destrezas)
  · El *saber estar* (actitudes
    y valores)
  · El *querer hacer* (motivación)
- Carácter individualizado del
  proceso de orientación:
  · *Características personales
    y profesionales*
  · *Habilidades y actitudes*
  · *Áreas de interés profesional*
  · *Formación*
  · *Experiencia*

EL CONTEXTO SOCIOLABORAL

**Exigencias y requisitos. ¿Qué
demanda el mercado laboral?**
- *Conocimientos técnicos*
- *Capacidad de aprendizaje*
- *Motivación intrínseca*
- *Inteligencia emocional*
- *Flexibilidad*
- *Polivalencia*
- *Capacidad de adaptación y
  resolución de problemas*
- *Movilidad*
- *Formación permanente*
- *Vocación*
- *Relaciones interpersonales*

Tendencias del mercado laboral
- *Globalización del
  mercado de trabajo*
- *Terciarización*
- *Flexibilidad del mercado laboral*
- *Crisis de la noción
  tradicional del puesto*
- *Desempleo y precariedad laboral*
- *Segmentación del mercado laboral*
- *Nuevas formas de empleo:
  teletrabajo, outsourcing,
  autoempleo, trabajo a
  tiempo parcial, trabajo
  temporal y consultorías…*
- *Nuevos profesiones emergentes:
  yacimientos de empleo*

2. La información profesional. Estrategias y herramientas para la búsqueda de empleo

Contenido

TEMA 2: LA INFORMACIÓN PROFESIONAL. ESTRATEGIAS Y HERRAMIENTAS PARA LA BÚSQUEDA DE EMPLEO
• C2: Fomentar procedimientos y estrategias de búsqueda y actualización de la información del entorno profesional y productivo.
• C3: Aplicar estrategias y herramientas de búsqueda de empleo.

2.1. Canales de información del mercado laboral: INE, observatorios de empleo y portales de empleo, entre otros.

Para acercarnos a las características del mercado laboral, conocer cuáles son sus tendencias, perfiles más demandados, necesidades formativas de la población, desajustes entre las competencias demandadas por el mercado y las ofrecidas por la población activa y otros aspectos podemos consultar diversas fuentes que, cada una en su ámbito, nos proporcionará información fiable y actualizada. Entre ellas, encontraremos al INE o Instituto Nacional de Estadística, el Sistema Nacional de Empleo, observatorios de empleo, los portales de empleo...

1. El **Instituto Nacional de Estadística (INE)** es un organismo autónomo de carácter administrativo que está adscrito al Ministerio de Economía, Comercio y Empresa a través de la Secretaría de Estado de Economía y Apoyo a la Empresa. El INE realiza, entre otras, estadísticas de interés general como los censos demográficos y económicos, indicadores económicos y sociales, coordinación y mantenimiento de los directorios de empresas, formación del Censo Electoral...

   Una de las encuestas más populares y con mayor repercusión en los ámbitos económico y social es la **EPA: la Encuesta de Población Activa.** Esta encuesta se realiza desde 1964. Se trata de una investigación continua dirigida a familias que se realiza trimestralmente, cuya finalidad es obtener datos de la fuerza de trabajo y de sus diversas categorías (trabajadores activos), así como de la población ajena al mercado laboral (inactivos).

   Las categorías consideradas para la elaboración de esta encuesta.

   Activos: personas de 16 años o más que, durante la semana de referencia (la anterior a la que se realiza la entrevista), suministran mano de obra para la producción de bienes y servicios o están disponibles y en condiciones de incorporarse a dicha producción. Se subdividen en trabajadores ocupados y trabajadores desempleados.

   Ocupados: personas de 16 años o más que durante la semana de referencia han estado trabajando durante, al menos, una hora, a cambio de una retribución (salario, jornal, beneficio empresarial...) en dinero o especie. También son ocupados quienes teniendo trabajo han estado temporalmente ausentes del mismo por enfermedad, vacaciones, etc.

   Desempleados: personas de 16 años o más que durante la semana de referencia han estado sin trabajo, disponibles para trabajar y buscando activamente empleo. Son desempleados también quienes ya han encontrado un trabajo y están a la espera de incorporarse a él, siempre que verifiquen las dos primeras condiciones.

Así, dentro de la categoría de Activos se encuentran los Ocupados y Desempleados. Por tanto, la EPA analiza los datos referentes a la población que está en disposición de trabajar (población activa) con independencia de si el individuo está ocupado o desempleado.

Inactivos: población de 16 años o más no incluida en ninguna de las categorías anteriores. Por ejemplo, las personas que tienen reconocida la incapacidad laboral y los pensionistas cuentan como inactivos.

Veamos ahora algunos de esos resultados obtenidos en la última EPA publicada en octubre de 2024 y realizada con datos pertenecientes al tercer trimestre de 2024:

a) El número de trabajadores desempleados se sitúa en 2 754 100 personas.

b) El número de trabajadores ocupados se sitúa en 21 823 000 personas.

c) La tasa de actividad total se sitúa en un 59,04 % (54,08 % mujeres y 64,28 % en el caso de los hombres).

¿Qué implicaciones tiene que el número de trabajadores activos descienda? ¿Y que disminuya el número de ocupados? ¿Es buena señal que, teniendo en cuenta los datos que indican que el número de trabajadores activos y número de ocupados descienda, disminuya también el número de desempleados?

---

2. Otra de las fuentes que podemos consultar para obtener información fiable y actualizada de las tendencias y características del mercado laboral es el **Sistema Nacional de Empleo (SNE)**. El SNE es el conjunto de estructuras, medidas y acciones necesarias para promover y desarrollar la política de empleo, cuya ejecución se configura descentralizada y ajustada a las diferentes realidades territoriales. Así, sus pilares básicos son el *Servicio Público de Empleo Estatal (SEPE) y los Servicios Públicos de Empleo de las diferentes comunidades autónomas.*

Sistema Nacional de Empleo =
Servicio Público de Empleo Estatal + Servicio Público de Empleo
Autonómico

La coordinación del Sistema Nacional de Empleo se llevará a cabo principalmente a través de los siguientes instrumentos:

- *La Estrategia Española de Empleo* que, entre sus elementos integrantes, incluye el análisis de la situación y tendencias del mercado de trabajo.

- *El Plan Anual de Política de Empleo* que concretará los objetivos de la Estrategia Española de Empleo se debe alcanzar en todo el territorio español y en cada una de las comunidades autónomas, así como los indicadores que se utilizarán para conocer el grado de cumplimiento de los mismos.

- *El Sistema de Información de los Servicios Públicos de Empleo* que es el instrumento técnico que integrará la información relativa a intermediación laboral, a la gestión de las políticas activas de empleo y de la protección por desempleo (SISPE).

El SNE garantizará que se lleven a cabo de forma adecuada:

a) Las funciones de intermediación laboral, sin barreras territoriales.

b) El registro de las personas demandantes de empleo.

c) La trazabilidad de las actuaciones seguidas por estas en su relación con los Servicios Públicos de Empleo.

d) Las estadísticas comunes.

e) La comunicación del contenido de los contratos.

f) El conocimiento de la información resultante de la gestión de la Formación para el Empleo, la orientación profesional, las iniciativas de empleo y las bonificaciones a la contratación, así como las actuaciones de las agencias de colocación.

3. Por otro lado, como ya comentamos en el primer capítulo del manual, está el **Observatorio de las ocupaciones del Servicio Público de Empleo Estatal**[7] que es una unidad técnica perteneciente al Ministerio de Trabajo y Economía Social que analiza la situación y las tendencias del mercado de trabajo, las ocupaciones, los colectivos de interés para el empleo y las transformaciones que se producen en el mismo, anticipándose a los retos y requerimientos que el mercado de trabajo plantea y facilitando, así, la toma de decisiones. Este Observatorio coopera y colabora con los Observatorios de los Servicios Públicos de Empleo autonómicos y con otros Observatorios institucionales, a nivel nacional e internacional.

---

[7] Se pueden acceder a sus informes completos a través del siguiente enlace de la página web del SEPE: https://www.sepe.es/HomeSepe/que-es-el-sepe/comunicacion-institucional/publicaciones/publicaciones-oficiales/listado-pub-mercado-trabajo.html

Entre sus **funciones** se encuentran:

a) Investigar sobre los elementos que permiten dar respuesta a las necesidades que se demandan, como base de la política de empleo y formación.

b) Estudiar las actividades y las ocupaciones en las que se está creando y generando empleo.

c) Ofrecer información sobre los perfiles de las ocupaciones y las necesidades de formación de los trabajadores.

d) Realizar estudios sobre el mercado de trabajo, colectivos de interés para el empleo, ocupaciones y actividades con mayor presencia en los territorios, a la vez que estudia su tendencia y prospectiva, en la generación de empleo a corto y medio plazo.

e) Propiciar la búsqueda de nuevos yacimientos de empleo, los movimientos y cambios que se producen en el mercado de trabajo y que modifican los contenidos de las ocupaciones.

f) Elaborar información y proporcionar asesoramiento técnico a entidades y agentes/gestores de las políticas de formación y empleo, e informa a los usuarios relacionados con el mercado de trabajo y al ciudadano en general.

4. Otra de las fuentes que podemos consultar para obtener información actualizada y fiable de las condiciones y tendencias del mercado laboral son los **portales de empleo**. Estos son sitios web que reúnen cualquier tipo de información relacionada con el mercado laboral. Su función prioritaria es la intermediación laboral que veremos en el siguiente punto del manual.

Los portales de empleo pueden ser **públicos o privados** según estén gestionados por empresas públicas o privadas.

a) *Portales públicos de empleo*

- Servicios Europeos de Empleo (EURES). Este portal de empleo es una red de cooperación destinada a facilitar la libre circulación de los trabajadores en el marco del Espacio Económico Europeo. Entre los socios de la red se encuentran los servicios públicos de empleo, sindicatos y organizaciones patronales. La Comisión Europea coordina la red.

  Enlace de EURES: http://ec.europa.eu/social/home.jsp?langId=es

  Sus principales objetivos son:

  a) Informar, orientar y asesorar a los candidatos sobre las oportunidades de empleo, condiciones de vida y de trabajo en el Espacio Económico Europeo.

b) Ayudar a los empresarios que deseen contratar trabajadores de otros países.

c) Asesorar y orientar a los trabajadores y los empresarios de regiones fronterizas.

- Servicio Público de Empleo Estatal. El SEPE es un organismo autónomo de la Administración General del Estado, adscrito al Ministerio de Trabajo y Economía Social. Entre sus funciones figura el garantizar la información sobre el mercado de trabajo para conseguir la inserción y permanencia en el mercado laboral de la ciudadanía.

  Enlace SEPE: www.sepe.es

- Servicios Públicos de Empleo Autonómico. Cada comunidad autónoma cuenta con su propio portal de empleo desde el que se le informa al ciudadano de la Carta de Servicios que ofrece.

  Los enlaces de algunos de estos portales públicos de empleo autonómicos:

  — Portal público de empleo de la Comunidad de Madrid:

    https://www.comunidad.madrid/servicios/empleo

  — Portal público de empleo de Extremadura:

    https://extremaduratrabaja.juntaex.es/empleo

  — Portal público de empleo de Castilla y León:

    http://www.empleo.jcyl.es/

b) *Portales privados de empleo.* Estos portales están gestionados por empresas privadas y, básicamente, actúan de la misma forma que los portales públicos. Uno de los servicios que ofrecen al usuario es la información actualizada sobre el mercado laboral: el contexto económico, oferta y demanda de puestos de trabajo, cuáles son los puestos mejor remunerados, etc. Algunos de ellos realizan sus propios estudios. Entre los portales privados de empleo más populares tenemos:

- Infojobs: www.infojobs.es

- Infoempleo: www.infoempleo.es

- https://www.trabajos.com/

Asimismo, los portales de empleo pueden ser **generalistas o especializados** según gestionen ofertas de empleo de todos los sectores o de algunos concretos respectivamente.

2.2. Agentes vinculados con la orientación formativa y laboral e intermediadores laborales

2.2.1. Redes europeas de orientación profesional

En el actual contexto sociolaboral en el que la adquisición de competencias debe ser continua para una adecuada y rápida adaptación a los cambios y a los diferentes contextos, donde la inestabilidad y la movilidad geográfica y funcional son características demandadas desde el mercado laboral, la orientación formativa y laboral se torna una necesidad que debe estar presente a lo largo de la vida en los ámbitos europeo, nacional, autonómico y local.

El Consejo de la Unión Europea y los representantes de los Gobiernos de los Estados miembros destacan en la Resolución de 18 de mayo de 2004 que:

a) El surgimiento de una sociedad basada en el conocimiento y la necesidad de aprendizaje continuo exigen que se conceda gran atención a la política de *orientación* a nivel nacional, sectorial, regional y local. Los servicios deben estar disponibles en momentos y maneras que animen a todos los ciudadanos a continuar desarrollando sus cualificaciones y competencias durante toda su vida, en consonancia con las cambiantes necesidades del mercado de trabajo.

b) Todos los ciudadanos europeos deben tener acceso a servicios de orientación en todas las etapas de su vida, prestando especial atención a personas y grupos en situación de riesgo.

c) La importancia de la orientación para promover la integración económica y social de los ciudadanos.

d) La necesidad de flexibilidad y diversidad en la prestación de servicios de orientación inclusive recurriendo a metodologías y tecnologías innovadoras, técnicas de acercamiento y servicios afines para mejorar el acceso de los ciudadanos a estos servicios, especialmente respecto a los jóvenes y adultos de difícil abordaje y para superar las desigualdades económicas y geográficas.

e) El papel central de los beneficiarios de la orientación, tanto en el diseño (itinerarios formativos y profesionales) como en la evaluación de los servicios de orientación para jóvenes y para adultos.

f) La participación en el proceso de orientación de todos los agentes pertinentes, incluidos los interlocutores sociales, tanto para garantizar el acceso de los trabajadores a los servicios de orientación como para ayudar a los proveedores de educación y formación y a los servicios de orientación aportando, por ejemplo, la posibilidad de una experiencia profesional y de contacto con situaciones reales de trabajo, promoviendo el espíritu empresarial y facilitando el acceso de los trabajadores por cuenta ajena a los servicios de orientación.

Así, para favorecer la orientación y ser coherente con la línea de pensamiento que defiende la importancia de la orientación profesional a lo largo de la vida, Europa ofrece dos redes de orientación profesional: *Euroguidance* y *ELGPN* (European Lifelong Guidance Policy Network). España participa en estas dos redes a través del Ministerio de Educación.

1. Euroguidance

Euroguidance es una red de colaboración entre 68 centros nacionales de recursos de orientación profesional distribuidos en 34 países europeos. Su objetivo es apoyar a los orientadores en la promoción de la movilidad europea y en la difusión de la dimensión europea en la educación y la formación.

Euroguidance establece puntos de unión entre los sistemas de orientación Europeos. Coopera con orientadores y asesores de los sectores educativo y laboral en toda Europa.

Los centros Euroguidance:

- Promueven las oportunidades de movilidad de los ciudadanos europeos.

- Proporcionan un vínculo entre los sistemas de orientación y educación en toda Europa.

- Recopilan, producen, difunden e intercambian información de calidad acerca de la educación y la Formación Profesional en cada país europeo.

- Participan activamente en la promoción de la movilidad en Europa a través de una multitud de proyectos transnacionales que incluyen el intercambio de orientadores.

  https://euroguidance-spain.educacionfpydeportes.gob.es/inicio.html

- Llevan a cabo acciones publicitarias como la participación en ferias, la publicación y distribución de materiales y folletos.

- Llevan a cabo visitas de estudio conjuntas, para ofrecer un mejor conocimiento de los sistemas de orientación europeos a los miembros de la red.

2. ELGPN (European Lifelong Guidance Policy Network)

En diciembre de 2007, los Estados Miembros de la UE decidieron establecer una Red Europea de Políticas de Orientación a lo largo de la vida, cuyas siglas en inglés son ELGPN, European Lifelong Guidance Policy Network.

La Comisión Europea entendió esta iniciativa como un compromiso de los Estados miembros y como el medio para poder avanzar en una implementación nacional concreta de las cuatro prioridades que destaca la Resolución del Consejo de la UE sobre cómo mejorar la integración de la orientación a lo largo de la vida en las estrategias del Aprendizaje a lo largo de la vida (Bruselas, 21 noviembre 2008). Estas prioridades son:

- Favorecer la adquisición permanente de las habilidades de gestión de la propia carrera personal, formativa y profesional.

- Facilitar el acceso de todos los ciudadanos a los servicios de orientación.

- Desarrollar los sistemas de garantía de calidad en los servicios de orientación.

- Fomentar la coordinación y la cooperación entre los diversos proveedores de la orientación, en los ámbitosl nacional, regional y local.

El objetivo principal del ELGPN es dinamizar las políticas de orientación a lo largo de la vida y, por tanto, promover la cooperación entre los Estados miembros y la Comisión Europea, para así poder ayudar a los Estados miembros de UE a desarrollar unas políticas de orientación mejor informadas y más efectivas.

Esta red identifica y propone estructuras adecuadas, así como mecanismos de apoyo para la puesta en marcha de las prioridades identificadas en dicha Resolución de 2008.

2.2.2. Servicio Público de Empleo Estatal (SEPE) y Servicio Público de Empleo de las Comunidades Autónomas.

Como ya hemos comentado en el punto anterior el Sistema Nacional de Empleo está integrado por: *Servicio Público de Empleo Estatal (SEPE)* y el *Servicio Púbico de Empleo de las Comunidades Autónomas.* Por su parte, el SEPE asume las funciones del extinto Instituto Nacional de Empleo (INEM) desde 2003.

A los Servicios Públicos de Empleo de las Comunidades Autónomas podemos acceder a través de la página web del SEPE:

https://www.sepe.es/contenido/conocenos/informacion/enlaces/ccaa.html

Estos Servicios Públicos de Empleo (estatal y autonómicos) ofrecen sus servicios a trabajadores desempleados, ocupados y a las empresas. Estos servicios quedan recogidos en el **Catálogo de Servicios a la ciudadanía de los Servicios Públicos de Empleo:**

a) **Servicios destinados a las personas desempleadas.**

- Diagnóstico individualizado sobre el perfil, las necesidades y expectativas de la persona desempleada mediante entrevistas personalizadas, para poder acceder más fácilmente al mercado laboral.

- Evaluación y, en su caso, reconocimiento de las competencias adquiridas por la experiencia laboral mediante la acreditación oficial de su cualificación.

- Oferta de acciones de Formación Profesional para el Empleo.

- Información y gestión de ofertas de empleo adecuadas a su perfil, incluyendo las procedentes de los otros países de la Unión Europea, así como información sobre el mercado de trabajo, y los incentivos y los medios disponibles para el fomento de la contratación y el apoyo a las iniciativas emprendedoras, con especial atención a las fórmulas del autoempleo, de trabajo autónomo o de economía social.

- Diseño, elaboración y realización de un itinerario individual y personalizado de empleo que podrá incluir servicios de orientación e información para el empleo y el autoempleo, de mejora de su cualificación profesional y de su empleabilidad y contactos con las empresas, entidades y organismos públicos para facilitar su inserción laboral.

- Información, reconocimiento y pago de las prestaciones y subsidios por desempleo, impulsando y desarrollando su gestión por medios electrónicos.

b) Servicios destinados a las personas ocupadas

- Diagnóstico individualizado sobre el perfil, las necesidades y expectativas de la persona ocupada mediante entrevistas personalizadas para poder mantener el empleo o acceder a uno nuevo.

- Evaluación y, en su caso, reconocimiento de las competencias adquiridas por la experiencia laboral mediante la acreditación oficial de su cualificación.

- Oferta de acciones de Formación Profesional para el Empleo que favorezca la promoción profesional y desarrollo personal de las personas trabajadoras y su derecho a la formación a lo largo de toda la vida.

- Orientación e información sobre el empleo, autoempleo y mercado de trabajo, incentivos y medios disponibles para el fomento de la contratación, el mantenimiento del empelo y el apoyo a las iniciativas emprendedoras, así como medidas para la mejora de su cualificación profesional.

- Información y gestión de ofertas de empleo adecuadas, incluyendo las procedentes de los otros países de la Unión Europea.

c) Servicios destinados a las empresas

- Tratamiento de sus ofertas de empleo, incluyendo su difusión en el marco del Sistema Nacional de Empleo (SNE) y a través de portales de empleo, preselección y envío de candidaturas, así como la colaboración en las entrevistas y/o en los procesos selectivos de difícil cobertura.

- Información y asesoramiento sobre el mercado de trabajo, medidas de fomento de empleo, acceso y tramitación de las mismas, modalidades y normas de contratación, diseño de planes formativos y ayudas para la formación de las personas trabajadoras.

- Comunicación telemática de la contratación laboral y de las altas, períodos de actividad y certificados de empresa a través del portal del SNE.

- Información, asesoramiento y tutorización para la creación, gestión y funcionamiento de empresas, por parte de emprendedores, trabajadores autónomos y otras empresas de la economía social.

Para que las personas desempleadas puedan acceder a los servicios que ofrecen los Servicios Públicos de Empleo deberán inscribirse y acudir a una entrevista inicial en la que se recogerá información y conllevará una valoración de los servicios que requiere para su inserción laboral. De acuerdo con ello, y en colaboración con la persona desempleada, se determinará, si procede, el comienzo de un *itinerario personalizado de empleo*.

2.2.3. Tutores de empleo

Los tutores de empleo son técnicos especializados en la realización de acciones de orientación como la tutoría individualizada, búsqueda activa de empleo, el taller de entrevistas, etc. Es de su competencia conocer las características del mercado laboral y los NYE. Son las figuras de referencia en los programas de orientación y acompañamiento en la búsqueda de empleo para mejorar la empleabilidad de las personas desempleadas y facilitar el acceso al empleo lo antes posible. Estos tutores de empleo ayudarán a los demandantes a confeccionar su itinerario personalizado de inserción.

Entre sus funciones están las de ayudar a los demandantes a:

- Planificar la agenda de búsqueda de empleo

- Ofertar servicios

- Elaborar un currículum eficaz

- Elaborar una carta de presentación

- Ofrecer listados de empresas

- Proporcionar claves y consejos para afrontar un proceso de selección de personal.

2.2.4. OPEA (programa de acciones de Orientación Profesional para el Empleo y asistencia al autoempleo)

Una OPEA es una entidad que colabora en la realización de acciones de orientación laboral que faciliten al ciudadano la búsqueda de un empleo por cuenta ajena o por cuenta propia. Las acciones que se llevan a cabo en este programa de Acciones de Orientación Profesional para el Empleo y asistencia para el Autoempleo son:

1. **Tutoría individualizada.**

   Es una acción individual que consiste en un proceso personalizado de entrevista inicial para la detección de necesidades en materia de orientación y el diseño, de mutuo acuerdo entre el usuario y el técnico de empleo, del itinerario de orientación que se debe seguir, y entrevistas posteriores para la elaboración del currículum personal y del perfil sociolaboral del usuario, facilitando los medios más adecuados par la capacitación en la búsqueda autónoma de empleo.

   Sus **objetivos** son:

   - Inventariar la trayectoria profesional y personal del usuario y detectar necesidades actualizando el registro informático como demandante de empleo.

   - Evaluar el nivel de adaptación del usuario al mercado laboral.

   - Fijar los objetivos profesionales.

   - Informar sobre el mercado laboral y las técnicas de búsqueda de empleo.

   - Realizar un seguimiento personalizado.

2. **Desarrollo de aspectos personales para la ocupación (DAPO).**

   Es una acción colectiva dirigida a incidir sobre los aspectos personales que faciliten la puesta en marcha y el mantenimiento de actividades en un proceso de inserción profesional. No confundir con el DAFO (visto en la primera Unidad Didáctica) que es una herramienta para el autoanálisis de Debilidades, Amenazas, Fortalezas y Oportunidades.

   Su objetivo es desarrollar y adquirir habilidades y recursos que permitan al demandante de empleo superar barreras personales y asumir responsabilidades en el desarrollo y ajuste de su proyecto personal de inserción laboral.

3. **Grupos de búsqueda activa de empleo (BAE).**

   Es una acción colectiva que comprende la totalidad del proceso de selección de personal en las empresas: pruebas psicotécnicas y entrevistas de trabajo. Con ello se pretende incrementar los conocimientos teóricos básicos y los recursos personales (conductas y habilidades) de los demandantes de empleo, para que así afronten la entrevista de trabajo con mayor calidad, pudiendo aprender conductas precisas para causar una impresión positiva en el entrevistador, partiendo de un conocimiento previo de los posibles casos y situaciones que se pueden encontrar dentro de este proceso, así como los diferentes procesos de selección con más posibilidades de éxito.

El objetivo es que el usuario conozca los instrumentos y adquiera las habilidades necesarias que le posibiliten realizar una búsqueda de empleo de forma activa, organizada y planificada.

4. **Información y motivación para el autoempleo (IMAE)**

   Es una acción colectiva dirigida a motivar al desempleado hacia la iniciativa empresarial, proporcionándole la información necesaria para llevar a cabo un proyecto de empresa.

   El **objetivo** es que los usuarios adquieran información suficiente para el autoempleo como vía de acceso al mercado laboral y conozcan todos los aspectos que confluyen en la elaboración de un plan de negocio.

5. **Asesoramiento de proyectos empresariales (APE)**

   Es una acción individual encaminada a proporcionar a emprendedores con una idea de negocio o empresa concreta, asesoramiento sobre el estudio de mercado, plan de *marketing,* plan de producción, plan económico-financiero y forma jurídica de la empresa, y sobre aquellos aspectos que presenten mayores dificultades para la puesta en marcha de su plan de empresa.

   El **objetivo** es guiar al emprendedor en la elaboración de su proyecto empresarial, apoyando y asesorando en aquellos aspectos que presenten mayores dificultades. El emprendedor podrá realizar tantas consultas como desee, incluso por teléfono.

2.2.5. Intermediación laboral

La intermediación laboral es el conjunto de acciones diseñadas para poner en contacto las ofertas de trabajo con los trabajadores que buscan empleo. Su finalidad es proporcionar a los trabajadores un puesto de trabajo adecuado a sus características y facilitar a los empleadores los candidatos más apropiados a sus requerimientos y necesidades.

Asimismo, también se considera intermediación laboral la actividad destinada a la recolocación de los trabajadores que resultaran excedentes en procesos de reestructuración empresarial, en el caso de que esa recolocación hubiera sido establecida con los trabajadores o sus representantes en los correspondientes planes sociales o programas de recolocación. Con independencia del agente que realice la intermediación laboral, esta tiene la consideración de servicio de carácter público.

En el marco del Sistema Nacional de Empleo, la intermediación en el mercado de trabajo se llevará a cabo a través de:

a) Los servicios públicos de empleo, por sí mismos o mediante las entidades que colaboren con ellos.

b) Las agencias de colocación, debidamente autorizadas.

c) Otros servicios que reglamentariamente se determinen para los trabajadores en el exterior.

1. **Empresas de Trabajo Temporal (ETT)**

   Definición: son empresas cuya actividad básica consiste en *poner a disposición de otra empresa usuaria, con carácter temporal, trabajadores contratados por ella.* La contratación de trabajadores para cederlos temporalmente a otra empresa exclusivamente se podrá efectuar a través de empresas de trabajo temporal debidamente autorizadas en los términos que establece la Ley 14/1994, de 1 de junio, por la que se regulan las empresas de trabajo temporal.

   El instrumento a través del cual una ETT puede ceder temporalmente un trabajador contratado por ella a otra empresa usuaria es el **contrato de puesta a disposición**. Este contrato es el celebrado entre la ETT y la empresa usuaria y debe formalizarse por escrito.

   Existen algunos casos en los que la cesión de trabajadores queda excluida. Por ejemplo, **no se podrán celebrar contratos de puesta a disposición** para sustituir trabajadores en huelga en la empresa usuaria, para realizar trabajos u ocupaciones especialmente peligrosas para la seguridad y la salud en el trabajo, para ceder trabajadores a otras ETT y, por último, cuando en los doce meses anteriores a la contratación la empresa usuaria haya amortizado los puestos de trabajo que se pretendan cubrir por despido improcedente.

   Por otra parte, la ETT firmará un **contrato laboral con el trabajador** para prestar servicios en empresas usuarias cuya duración podrá concertarse por un tiempo indefinido o por una duración determinada. En cualquier caso, deberá formalizarse por escrito.

Cuando el trabajador pasa a estar cedido a la empresa usuaria le corresponde una serie de **derechos** de obligado cumplimiento por parte de dicha empresa como, por ejemplo:

- La *aplicación de las condiciones esenciales de trabajo y empleo* que le corresponderían si hubiese sido contratado directamente por la empresa usuaria para ocupar el mismo puesto. Estas condiciones esenciales de trabajo y empleo se refieren a la remuneración, la duración de la jornada, las horas extraordinarias, los períodos de descanso, el trabajo nocturno, las vacaciones y los días festivos. Asimismo, se les aplicarán las mismas disposiciones que a los trabajadores de la empresa usuaria en materia de protección de las mujeres embarazadas y en período de lactancia, y de los menores, así como a la igualdad de trato entre hombres y mujeres y a la aplicación de las mismas disposiciones adoptadas con vistas a combatir las discriminaciones basadas en el sexo, raza o el origen étnico, la religión o las creencias, la discapacidad, la edad o la orientación sexual.

- Cuando el contrato se haya concertado por un tiempo determinado, el trabajador tendrá derecho a una indemnización económica a la finalización del contrato de puesta a disposición.

Por otro lado, cuando el trabajador firma el contrato para prestar sus servicios a la empresa usuaria, esta será la encargada de ejercer las facultades de dirección y control de la actividad laboral durante el tiempo que dure el contrato. Asimismo, si la empresa usuaria considera que el trabajador ha incumplido el contrato lo pondrá en conocimiento de la ETT a fin de que esta adopte las medidas sancionadoras correspondientes.

Por último, se puede obtener un listado por provincias de las ETT autorizadas por el Ministerio de Trabajo y Economía Social en el siguiente enlace donde figura el nombre de la empresa, su número de autorización, su domicilio social, ámbito geográfico en el que opera y el período de actualización:

https://expinterweb.mites.gob.es/sigett/consultaPublicaETT

Si queremos conocer las autorizadas por provincia, pinchando sobre el enlace de provincia obtendremos la siguiente pantalla:

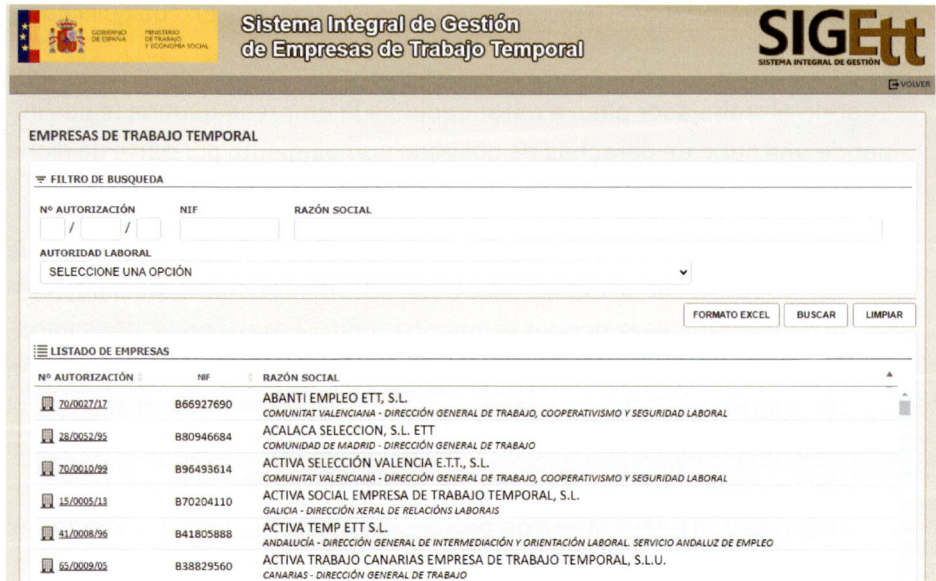

https://expinterweb.mites.gob.es/sigett/consultaPublicaET

2. **Portales de empleo**

Definición: son sitios web dedicados básicamente a servir de intermediarios entre las personas demandantes de empleo y las empresas en proceso de selección. Así, además de ser una fuente que nos proporciona información sobre las características del mercado laboral, como vimos en el apartado anterior del manual, también es una herramienta de búsqueda de empleo.

En cuanto a los **demandantes** de empleo:

- Deben *inscribirse* en el portal de empleo y ceder sus datos si quieren tener acceso a todos los servicios del portal o a la información completa de las ofertas de empleo registradas.

- *Su currículum,* recogido a través de un formulario diseñado por el propio portal de empleo, *entra a formar parte de una base de datos* que se pone a disposición de las empresas usuarias.

- Tiene carácter gratuito.

- Se les ofrece un sistema de alerta sobre las ofertas de empleo adecuadas a su perfil, generalmente vía *mail.*

- Acceso a un gran volumen de ofertas.

- En algunos casos ofrece la posibilidad de conocer el número de candidatos inscritos a esa oferta de empleo para la que se postula.

- Se proporciona información no solo de las ofertas de empleo, sino de formación, orientación, tendencias del mercado, etc.

Con respecto a las **empresas**:

- Suele ser un servicio de pago.

- Tienen acceso a la base de datos de currículum, de donde extraerán a sus candidatos mediante la utilización de diferentes filtros como, por ejemplo, la experiencia, titulación, competencias adquiridas, expectativas...

- Disminuyen los plazos del proceso de selección.

- Se recortan los costes de reclutamiento.

- Se puede ofrecer mayor información al candidato tanto sobre el puesto concreto como sobre la empresa.

En algunos servicios se permite que las empresas puedan enviar a los posibles candidatos un pequeño cuestionario con preguntas clave, conocidas como *Killer Question* (preguntas asesinas) que sirven como filtro para descartar directamente a los candidatos que no les interesen.

Ya vimos que se pueden **clasificar** en base a si son:

- *Públicos o privados,* según sean empresas públicas o privadas quienes los gestionen.

- *Generalistas o especializados,* según las ofertas de trabajo sean para cualquier actividad o para sectores específicos, respectivamente.

3. **Agencias de colocación**

   Definición: son entidades públicas o privadas, con o sin ánimo de lucro, que, en coordinación y, en su caso, colaboración con el Servicio Público de Empleo correspondiente, realiza actividades de intermediación laboral cuya finalidad es proporcionar a las personas trabajadoras un empleo ajustado a su perfil profesional y facilitar a los empleadores los candidatos más apropiados a sus requerimientos y necesidades. Para lograrlo, las agencias de colocación valoran los conocimientos, aptitudes y cualificaciones profesionales de los trabajadores que requieren sus servicios para la búsqueda de empleo y los requerimientos y características de los puestos de trabajo ofertados. Asimismo, desarrollan actuaciones relacionadas con la búsqueda de empleo como orientación e información profesional y con la selección de personal.

   Estas entidades para poder ejercer de agencias de colocación tienen la **obligatoriedad de estar autorizadas** por el Servicio Público de Empleo

Estatal (cuando pretendan realizar su actividad desde centros de trabajo establecidos en diferentes comunidades autónomas) o del Servicio Público de Empleo de la Comunidad Autónoma (cuando quieran desarrollar su actividad únicamente en esa comunidad).

Por otro lado, cuando la entidad se constituye como agencia de colaboración debe cumplir, entre otras, con las **obligaciones** que se indican a continuación:

a) Garantizar a las personas trabajadoras la gratuidad de la prestación de servicios, tanto de intermediación laboral como de otras actuaciones realizadas con la búsqueda de empleo.

b) Garantizar, en su ámbito de actuación, los principios de igualdad y no discriminación en el acceso al empleo.

c) Garantizar el respeto a la intimidad y dignidad de las personas trabajadoras en el tratamiento de sus datos, sometiendo la actuación en esta materia a la normativa aplicable de protección de datos de carácter personal.

d) No subcontratar con terceros la realización de la actividad objeto de la autorización concedida, salvo que se trate de otras agencias de colocación autorizadas.

e) Elaborar y ejecutar planes específicos para la colocación de personas desempleadas integrantes de colectivos prioritarios como parados de larga duración, jóvenes menores de 30 años, mayores de 45 años…

f) Cumplir con la normativa vigente en materia laboral y de Seguridad Social.

g) Cumplir con las normas de accesibilidad universal de las personas con discapacidad.

h) Velar por la correcta relación entre las características de los puestos de trabajo ofertados y el perfil académico y/o profesional requerido.

i) Hacer constar en el desarrollo de las actividades como agencia de colocación la condición de autorizada y el número de autorización en todo lugar donde figure su nombre.

Se pueden consultar las agencias de colocación autorizadas por el Sistema Nacional de Empleo en la página de este mismo organismo en función de la comunidad autónoma en la que desarrolle su actuación.

http://www.sistemanacionalempleo.es/AgenciasColocacion_WEB/consultarAgenciasColocacion.do

2.2.6. Empresas de selección

Definición: son entidades que realizan los procesos de selección por encargo de otras empresas. Algunas están especializadas en áreas profesionales específicas. Generalmente, buscan candidatos para cubrir puestos de trabajo para los que se necesita un nivel de cualificación medio y alto, por lo que no es un canal de búsqueda de empleo adecuado para todos los perfiles. Las herramientas que habitualmente utilizan en sus procesos de selección son internet, anuncios en prensa, por búsqueda directa o mediante sus propias bases de datos. En sus procesos de selección emplean gran variedad de técnicas de selección como entrevistas individuales y en grupo, así como pruebas psicotécnicas.

La diferencia entre las empresas de selección de personal y las empresas de trabajo temporal es que estas últimas contratan ellas mismas a trabajadores para ponerlos a disposición de los empresarios (recuerda que el instrumento que utilizan es el contrato de puesta a disposición) y, por su parte, la empresa de selección de personal se encarga de poner en contacto al trabajador y al empresario tras realizar una preselección entre los currículums de los trabajadores demandantes. Estas empresas identifican y seleccionan a los mejores candidatos para los procesos de selección abiertos en sus empresas clientes.

Aunque cada empresa de selección de personal desarrolla su propia metodología suelen seguir las siguientes fases:

1. **Fases previas:** en estas fases realizan un análisis de los perfiles profesionales demandados, se estudian los currículums de los candidatos y se realiza una preselección.

    a) *Análisis de tareas y descripción de funciones del puesto de trabajo.* Se realiza una descripción del perfil profesional demandado: formación requerida, experiencia profesional necesaria, características personales, habilidades y aptitudes adecuadas para un óptimo desarrollo de las funciones. Los candidatos seleccionados deberán ajustarse a este perfil profesional.

    b) *Reclutamiento de candidatos.* En este punto, las empresas buscan candidatos que encajen en el perfil profesional descrito en la fase anterior a través de los diferentes medios (internet, sus bases de datos, anuncios en prensa...).

    c) *Preselección.* En esta última subfase se realiza la primera criba de candidatos a través de una entrevista personal o aplicando algún criterio que nos ayude a preseleccionar como puede ser el grado de formación, la experiencia profesional relacionada con el puesto...

2. **Fases centrales:** durante el desarrollo de estas fases a los candidatos preseleccionados se les aplican las diferentes técnicas de selección para obtener mayor información sobre ellos y que la decisión final sea lo más ajustada posible a la demanda de la empresa cliente.

    a) *Pruebas de evaluación.* Estas se refieren a los instrumentos que se aplican a los candidatos para predecir su rendimiento en el puesto de trabajo.

    b) *Entrevistas.* Tras pasar a los candidatos las pruebas de evaluación se procederá a la realización de una entrevista personal y/o grupal para observar y valorar a los candidatos las características, aptitudes y habilidades que resultarán claves para el éxito profesional.

    c) *Toma de decisión.* Como cierre de estas fases centrales se realizará un informe con la valoración final del candidato. En él se deja constancia del rendimiento y actuación de los candidatos durante el desarrollo del proceso de selección, sus puntos fuertes así como los débiles y un pequeño resumen de sus logros profesionales. Se destacan las recomendaciones oportunas, a efectos de que la empresa cliente, en base a ese informe facilitado, tome la decisión final.

3. **Fases finales:**

    a) *Adscripción al puesto de trabajo y acogida.* Es el período que tarda el trabajador recién incorporado en adaptarse a las normas de su nueva empresa, en conocer y dominar su puesto de trabajo y en relacionarse con el resto de trabajadores (superiores, iguales y subordinados).

b) *Formación y adiestramiento.* Para que la integración del trabajador recién incorporado sea lo más adaptada posible se le ha de facilitar toda la información que necesite acerca de la organización y además se le proporcionará una formación que garantice los niveles de eficiencia deseados en un corto período de tiempo. La finalidad de esta formación es, entre otros aspectos, dar seguridad al trabajador, conocer el contenido del puesto de trabajo, conocer las normas de seguridad y salud en el cumplimiento de su función, conocer la cultura de la empresa…

c) *Evaluación y seguimiento inicial.* Tras recibir la formación adecuada, el trabajador se incorporará a su puesto de trabajo y dará comienzo el período de evaluación inicial o de prueba en el que se valorará su nivel de adaptación a la empresa y su nivel de desempeño. Se emitirán informes periódicos basados en criterios objetivos sobre la validez o no del candidato para el puesto de trabajo. Pasada esta evaluación se procederá a la integración definitiva o no.

d) *Integración definitiva.* En esta última fase el trabajador ya forma parte de la organización y no es necesaria su supervisión constante.

Algunas de estas empresas de selección son:

1. Michael Page Madrid:

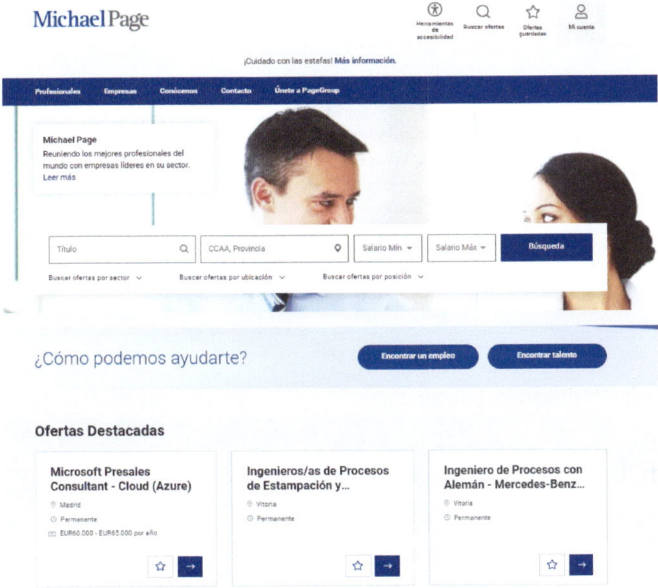

http://www.michaelpage.es/index.html

2. Hays:

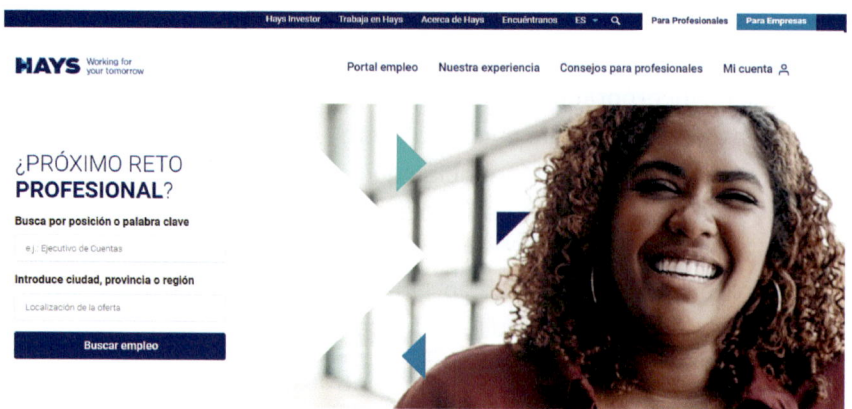

Tu **carrera profesional evoluciona**, y estamos contigo **durante este proceso**

Las personas con el centro de todas nuestras acciones como consultora especializada en selección de personal. No nos limitamos a posicionar a las personas en puestos de trabajo, sino que invertimos en **partners a largo plazo** que permitan hacer realidad las ambiciones de nuestros clientes. Nos avalan más de **50 años de éxito global** en recursos humanos y una plantilla de más de **10.000 personas en 33 países**. En España, seleccionamos talento desde hace más de **20 años** con oficinas en **6 ciudades** clave del panorama nacional.

http://www.hays.es/

3. Page personnal:

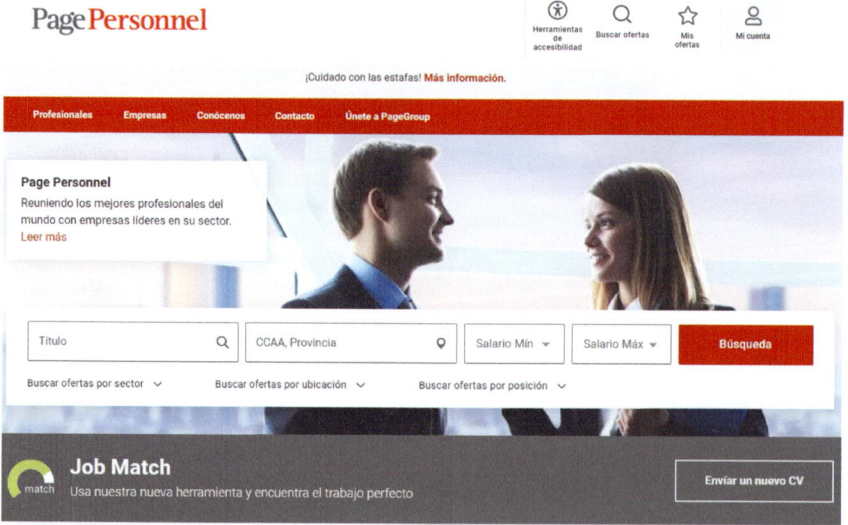

http://www.pagepersonnel.es/index.html

4. Tea Cegos:

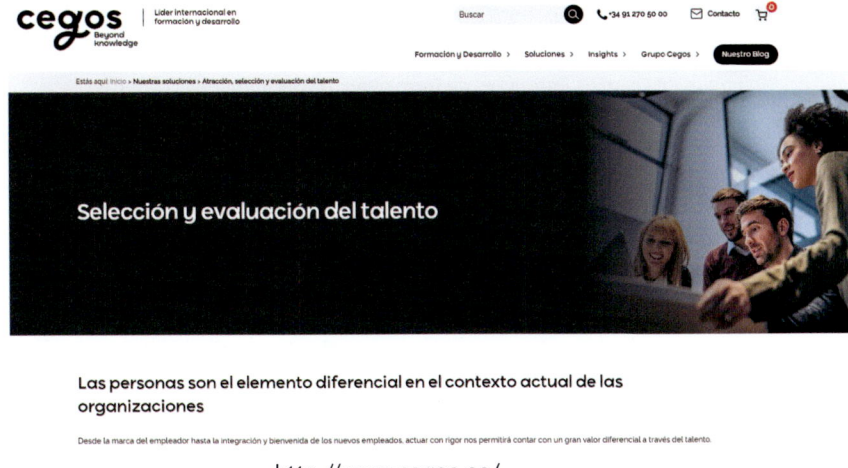

http://www.cegos.es/

2.3. Elaboración de una guía de recursos para el empleo y la formación

Una *guía de recursos para el empleo y la formación* es un instrumento muy útil para los profesionales cuya actividad está relacionada con el empleo, la orientación laboral o la formación. Para su elaboración será necesario en primer lugar decidir sobre qué territorio y sector profesional vamos a elaborarla y qué recursos vamos a incluir en ella.

Para su elaboración deberemos:

a) Identificar los organismos y empresas del sector y sus características más representativas y medidas de fomento del empleo.

b) Relacionar publicaciones, actividades, seminarios, redes profesionales y foros vinculándolos con la actividad profesional.

c) Organizar la información asegurando mecanismos que faciliten su consulta y actualización permanente.

Los recursos los podemos clasificar atendiendo a los siguientes criterios:

a) *Recursos referidos a la formación:* aquella información referida a la formación, ya sea reglada o no, a planes de formación, convocatorias, cursos más demandados, seminarios, congresos, centros que los imparten…

Por ejemplo, la página web del SEPE tiene un buscador de centros de formación que imparten Formación Profesional para el Empleo y que podemos localizar por ubicación, por especialidad o por ocupación profesional, como vemos en la siguiente imagen:

Búsqueda de Centros Entidades de formación (Especialidades Formativas)

https://sede.sepe.gob.es/especialidadesformativas/RXBuscadorEFRED/InicioBusque-daTipoCentro.do

Si, por ejemplo, quisiéramos buscar los centros de formación autorizados en Madrid para impartir este Certificado de Profesionalidad «Docencia de la Formación Profesional para el Empleo» podríamos buscar a través del criterio de «especialidad» (el que está seleccionado en la imagen) y al ir rellenando los campos que nos piden obtendríamos un listado de los centros de formación que nos interesan:

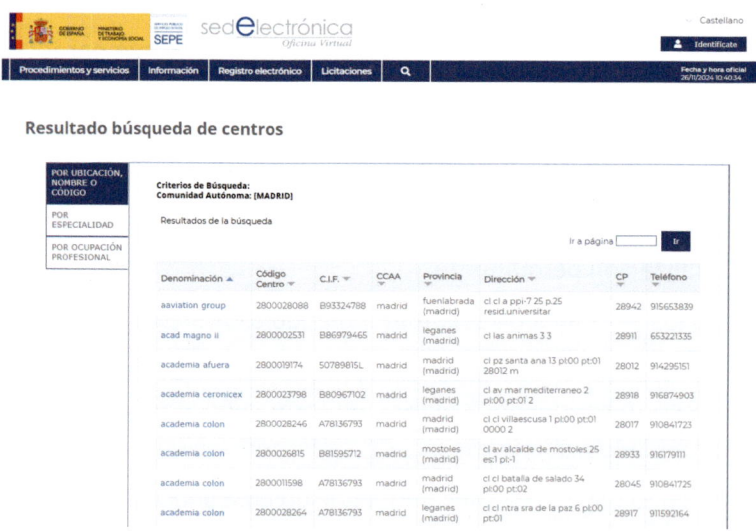

https://sede.sepe.gob.es/especialidadesformativas/RXBuscadorEFRED/InicioBusque-daTipoCentro.do

En esta imagen solo hemos incluido unos pocos por cuestión de espacio pero, como se puede observar, están incluidos los datos de contacto y dirección. Esto es muy útil ya que a los usuarios del servicio de orientación laboral podemos ofrecerles este listado de centros de formación que imparten la formación que demandan y de qué manera se puede poner en contacto con ellos o bien podemos señalarles cómo llegar a esta información.

b) *Recursos relacionados con el empleo:* con los recursos para el empleo podemos actuar de la misma manera: accediendo a la página web del SEPE podemos encontrar información de contacto de los portales de empleo públicos autonómicos (como vimos al hablar de los portales de empleo) donde cada uno tiene su «Punto de encuentro» que es un lugar web en el que se ofertan puestos de trabajo.

Por otro lado, si quisiéramos incluir en nuestra Guía de recursos las agencias de colocación autorizadas por el Sistema Nacional de Empleo podemos acceder a su página web donde nos aparece la siguiente información:

Como vemos en la imagen, aparecen las banderas representativas de las comunidades autónomas y pinchando sobre una concreta obtendremos un listado de las agencias autorizadas en dicha comunidad. por ejemplo, si queremos conocer las agencias de colocación autorizadas en la Comunidad de Madrid bastaría con «pinchar» sobre su bandera y obtendríamos la siguiente relación de agencias:

Trabajadores	Empresarios	Agencias de Colocación	Espacio EURES

Inicio »Agencias de Colocación »

Relación de agencias de colocación que actuan en el ámbito Madrid

Identificador:	9900000013
Denominación:	ACCION LABORAL
Tipo de agencia:	Agencia de Colocación y Empresa de Recolocación
Domicilio:	Calle GAMAZO, 17 Piso 2 Valladolid (47004), Valladolid
Teléfono:	983394555
Correo electrónico:	info.sc@accionlaboral.com
Página Web:	http://www.accionlaboral.com

Fax: 983545335

Ver centros de trabajo

Identificador:	9900000014
Denominación:	COCEMFE
Tipo de agencia:	Agencia de Colocación
Domicilio:	Calle EUGENIO SALAZAR, 2 Madrid (28002), Madrid
Teléfono:	917443600
Correo electrónico:	cocemfe@cocemfe.es
Página Web:	http://www.cocemfe.es

Fax: 914731996

Ver centros de trabajo

Identificador:	9900000015
Denominación:	FUNDACION INSTITUTO CIENCIAS DEL HOMBRE
Tipo de agencia:	Agencia de Colocación
Domicilio:	Calle GENERAL DÍAZ PORLIER, 57 Piso 5 Puerta A Madrid (28006), Madrid

https://www.sistemanacionalempleo.es/AgenciasColocacion_WEB/consultarAgencias-
Colocacion.do?idComunidadAmbito=13&modo=mostrarAgencias&origen=listado

En esta imagen hemos incluido solo cuatro por razones de espacio. No obstante, se puede observar que aparece el número identificador, nombre, el tipo de agencia y los datos de contacto. Esta información podemos volcarla en un archivo para ofrecérsela a los usuarios del servicio de orientación laboral o bien enseñarles cómo acceder a esta información.

Lo mismo podemos hacer con las ETT autorizadas.

c) *Recursos públicos:* instituciones y organismos que ofrecen formación e información acerca de ofertas de empleo (portales de empleo públicos), asesoramiento acerca de aspectos relacionados con el empleo: CV, carta de presentación…

d) *Recursos privados:* consultoras de formación y empresas privadas que ofrecen formación relacionada con el ámbito de la Formación para el Empleo o formación privada, así como publicaciones de ofertas de empleo. En este apartado podemos incluir un listado de ETT y empresas de selección existentes en el territorio escogido. Por otro lado, podemos añadir un directorio de empresas privadas diferenciadas por sectores con su información de contacto.

Una vez tengamos decidido el territorio sobre el que elaborar la *guía de recursos* y el tipo de recursos que vamos a incluir deberemos realizar un estudio pormenorizado de esos tipos de recursos existentes en el territorio escogido y crear un directorio de los mismos. La información recogida acerca de estos recursos debe ser veraz y mantenerse actualizada. De nada nos serviría mantenerlos en la guía si ya no existen o si han cambiado la información de contacto y no nos preocupamos por modificarla, o si han modificado su actividad…

2.4. Técnicas de búsqueda de empleo

La búsqueda activa de empleo (BAE) es un proceso que incluye las actividades dirigidas al conocimiento, entrenamiento y aplicación de las habilidades y técnicas que facilitan el proceso de encontrar un empleo. Esta búsqueda se lleva a cabo de forma activa, con organización y técnicas adecuadas.

Por su parte, las técnicas de búsqueda de empleo son un conjunto de procedimientos y estrategias estructuradas, destinada a aumentar la probabilidad de conseguir un puesto de trabajo. Hay dos aspectos fundamentales en esta búsqueda como son la motivación y el esfuerzo. Asimismo, hay que dedicarle un tiempo como si de un trabajo en sí mismo se tratara.

Antes de ver algunas de estas técnicas de búsqueda de empleo que nos ayudarán a encontrar un puesto de trabajo hagamos un ejercicio de reflexión:

¿Qué técnicas de búsqueda de empleo conoces? ¿Cuáles has utilizado en tu experiencia?

1.

2.

3.

4.

5.

Veamos ahora algunas de estas técnicas, que seguro que ya las has incluido en el ejercicio anterior:

1. *Contactos personales* (networking): informar a nuestra red de contactos de que estamos buscando empleo es una de las técnicas más eficaces.

2. *Respuesta a anuncios:* presentar nuestra candidatura a las ofertas que aparecen en medios de comunicación o difusión: periódico, radio...

3. *Autocandidatura por correo o personal:* solicitar un puesto de trabajo, vía *mail,* correo postal o presentándonos personalmente en la empresa por iniciativa propia, sin que exista ninguna convocatoria de oferta de trabajo.

4. *Inscripción en ETT:* para ello podemos presentarnis en sus oficinas o bien a través de sus páginas web.

5. *Inscripción en los portales de empleo públicos y privados:* nos crearemos una *cuenta personal* en los portales de empleo que deseemos (deberemos proporcionar nuestros datos de contacto y volcar nuestro CV siguiendo sus modelos de cuestionarios y/o adjuntar el nuestro propio) y alertas de aviso para que nos manden a nuestro correo electrónico las ofertas de empleo que cumplan los criterios que hemos seleccionado.

6. *Estar ocupado, formándote, trabajando es una buena técnica de búsqueda de empleo:* trabajar, colaborar, formarse o practicar nos proporciona contactos e información sobre otras ofertas de empleo.

Veremos a continuación las herramientas necesarias para la búsqueda de empleo:

2.4.1. Cartas de presentación

En la carta de presentación, también llamada carta de motivación o de solicitud se exponen, de forma breve, los motivos, intereses y características personales y profesionales relacionadas con el puesto seleccionado.

En la carta de presentación es conveniente seguir unas normas en cuanto al estilo y su contenido. Si no se indica nada al respecto, es conveniente que la carta se redacte a ordenador evitando la carta manuscrita. Debe utilizarse una página de papel formato DIN A4 y siempre deben ir firmadas.

Es conveniente acompañar el CV por una carta de presentación que explique las actitudes personales hacia el puesto ofertado y la empresa. Esta carta nos permitirá ofrecer al empresario una imagen nuestra más extensa y detallada que el CV en el que la información, generalmente, suele estar más resumida. Su objetivo principal es despertar el interés del que va a recibir la candidatura, de manera que se plantee que, en una primera impresión, el repertorio que muestra puede ser el idóneo para cubrir el puesto de trabajo que nos ofrece. Debemos tener en cuenta que una carta de presentación puede ser tan importante como el propio CV, ya que en ella se incluyen actitudes: refleja el interés del candidato por la empresa y el propio puesto de trabajo ofertado, la capacidad de comunicación e incluso deja ver una parte de nuestra personalidad.

Los **elementos** que debe incluir son:

- *Encabezamiento:* empresa a la que va dirigida, nombre, dirección, teléfono (margen izquierdo). La carta debe estar adaptada a las circunstancias concretas de la empresa. Es conveniente que vaya personalizada.

- *Presentación del CV.*

- *Referencia:* anuncio o medio por el que se ha tenido información del puesto vacante.

- *Motivación* e idoneidad al puesto, por la cualificación y experiencia. Debe contener el motivo por el que escribimos, por qué puesto optamos y por qué nos consideramos aptos para ese puesto.

- *Disponibilidad* horaria y de incorporación.

- Manifestar el *deseo de mantener una entrevista personal.*

- *Despedida* (con la observación de que se llamará para obtener respuesta) y firma.

- Anexos (en caso necesario).

Por otro lado:

- Debe suscitar el interés del lector.

- Debe ser breve y no ocupar más de una cara.

- Debe exponer con claridad los motivos.

- La carta debe transmitir optimismo, confianza y frescura.

Como hemos comentado antes, a la carta de presentación debe adjuntársele un CV y, si se considera oportuno, fotocopias de diplomas y certificados, referencias de empresarios, certificados de formación continua y toda aquella documentación que demuestre la adecuación al puesto solicitado.

A continuación, mostramos un ejemplo de carta de presentación:

Gorka Garcia Hernandez
c/ Diputación nº 9- 1º izq.
94 493 84 33 / 679 401 710

FOXTER.

Avenida la Cruz
25200 Leioa

Santurtzi, ---de --- de ---

Estimado Sr/a:

Me pongo en contacto con usted para hacerle llegar mi currículum con mis datos personales, experiencia profesional y otros datos útiles, por si necesita cubrir, ahora o en el futuro, un puesto en su empresa.

Me interesa trabajar en su empresa puesto que tengo formación y experiencia para desarrollar diferentes trabajos dentro de su organización. Estoy dispuesto/a a aprender y puedo aportar ideas.

Confío poder recibir más información sobre su empresa y las posibilidades de trabajar en ella, a través de una entrevista personal.

Quedo a su disposición, esperando recibir noticias suyas.

Reciba un cordial saludo.

Adjunto currículum

https://www.lanbide.euskadi.eus/informacion/carta-de-presentacion/weblan00-orientacion/es/

2.4.2. *Curriculum vitae:* currículum europeo

El CV es la herramienta que nos abre paso para estar incluidos en un proceso de selección, es nuestra tarjeta de presentación. A través del CV los profesionales encargados de la selección de personal decidirán quiénes accederán a la siguiente fase del proceso de selección. Para redactar un CV hay que decidir qué se cuenta y cómo se ordena en función de los requerimientos de la oferta a la que se postula.

El CV debe recoger la siguiente información:

- Fotografía (opcional).

- Datos personales y de contacto: nombre y apellidos, dirección postal, teléfono, dirección electrónica.

- Formación: académica (reglada) y complementaria.

- Experiencia profesional y laboral.

- Idiomas.

- Competencias profesionales y transversales relacionadas con el puesto. Por ejemplo, capacidad de aprendizaje, de adaptación al cambio, trabajo en equipo, proactividad, compromiso...

En este manual proponemos cinco **modelos distintos de CV** que muestran cinco maneras diferentes de ordenar la información:

a) *Cronológico:* la información se ordena de forma temporal y consecutiva, en una secuencia de logros académicos y profesionales. Este modelo es adecuado si se resalta el crecimiento en la profesión, si permite leer un recorrido profesional coherente con la oferta o si se ha trabajado en empresas con reconocido prestigio.

A continuación, mostramos un ejemplo de un modelo de currículum cronológico que incluye el portal de empleo público de Extremadura (extremaduratrabaja.gobex.es) en su página.

[Escriba aquí la dirección]   [Escriba aquí el teléfono, el fax y la dirección de correo]

Juan Sánchez López

Resumen de Historial	Tres o cuatro líneas describiendo conocimientos y aptitudes.
Historia Laboral	1990–1994. Textiles Nuevo. Badajoz **Directora nacional de ventas** Incrementé las ventas de 3 a 4.2 millones de euros. Dupliqué las ventas por representante de 2.000 a 5.000 euros. Propuse nuevos productos que incrementaron los beneficios en un 18%.
	1985–1990. Gutiérrez SL. Mérida, Badajoz **Directora regional de ventas** Incrementé las ventas regionales de 1.5 a 2 millones de euros. Fui responsable de 250 representantes en 12 comunidades autónomas. Implementé un curso para la formación de los nuevos contratados, acelerando la obtención de beneficios.
	1980–1984. Viñedos Martínez. Cáceres **Jefa de representantes de ventas** Aumenté el equipo de ventas de 30 a 60 representantes. Tripliqué los ingresos de la división por cada asociado de ventas. Incrementé las ventas para incluir grandes cuentas del mercado.

b) *Por funciones:* la información se estructura relacionando el conjunto de funciones que se requieren para cubrir las necesidades planteadas en el puesto ofertado con la formación y experiencia acreditadas por el historial del candidato. Este modelo es aconsejable si se tiene una o varias profesiones, si hay cambios de profesión, si accede al primer empleo o si se ha estado mucho tiempo en situación de desempleo.

Juan Sánchez López

Áreas de Experiencia	**Dirección de ventas a nivel nacional y regional**
	➤ Incrementé las ventas de 3 a 4.2 millones de euros.
	➤ Incrementé las ventas regionales de 1.5 a 2 millones de euros.
	➤ Fui responsable de 250 representantes en 12 comunidades autónomas.
	➤ Dupliqué las ventas por representante de 2 000 a 5 000 euros.
	➤ Propuse nuevos productos que incrementaron los beneficios en un 18 %.
	Jefe de Representantes
	➤ Aumenté el equipo de ventas de 30 a 60 representantes.
	➤ Implementé un curso para la formación de los nuevos contratados, acelerando la obtención de beneficios.
Formación	1975–1980 Universidad de Extremadura Badajoz
	Diplomado en administración de negocios y ciencias de la computación.
	➤ Graduado con Summa Cum Laude.
Historia Laboral	1980–1984. Viñedos Martínez. Cáceres
	Jefa de representantes de ventas
	➤ Aumenté el equipo de ventas de 30 a 60 representantes.
	➤ Tripliqué los ingresos de la división por cada asociado de ventas.
	1985–1990. Gutiérrez SL. Mérida, Badajoz

c) *Por proyectos:* se estructura la información por competencias requeridas para el puesto para el que se postula con las derivadas de la participación de la persona candidata en diversos proyectos profesionales.
Este modelo es aconsejable cuando el puesto para que el se postula
es la realización de un proyecto.

d) *Creativo o «de book»:* la información se estructura como una secuencia de materiales multimedia que resume la creatividad profesional de
las personas candidatas. Se trata de presentar un conjunto de diseños,
películas, fotografías, sonido y otros, que representen la trayectoria en
el mundo del diseño, composición, imagen, sonido y otra manifestación
creativa o artística. Es recomendable en personas que se dedican a actividades creativas y de diseño. Es conveniente presentarlo en ofertas
de trabajo en las que la creatividad es un requisito principal. Así, la persona responsable del proceso de selección puede valorar *in situ* el trabajo creativo presentado.

e) *Europeo:* ordena la información siguiendo la plantilla consensuada por
los países de la Unión Europea. Se trata de una variante del cronológico y está diseñado para buscar trabajo en Europa. El modelo presenta
las competencias y cualificaciones de una manera normalizada para
los países de la Unión Europea para facilitar su lectura y comprensión.
Europass es la página web que nos permitirá elaborar un CV siguiendo
el formato europeo donde se recogen las competencias adquiridas durante nuestro desarrollo profesional.

europass | Herramientas de Europass | Aprender en Europa | Trabajar en Europa | Acerca de Europass | Partes interesadas

Iniciar sesión en Europass

Crear tu CV Europass

Con el generador de currículums de Europass, te será muy fácil crear un CV online para tus candidaturas de trabajo, educación, formación o voluntariado.

El formato de CV más reconocido en Europa

Uno de los formatos de currículum más reconocido en Europa es el **CV Europass**. A las empresas y las instituciones educativas les resulta familiar y lo encuentran fácil de usar.

Para empezar, tendrás que **crear tu perfil Europass**, incluyendo datos sobre tu educación, formación, experiencia laboral y capacidades. Cuando hayas rellenado el perfil Europass, podrás obtener todos los currículums que necesites con solo unos clics. Selecciona la información que quieres incluir, elige el modelo que prefieres y Europass hará el resto.

https://europass.europa.eu/es/create-europass-cv

El siguiente currículum está cumplimentado siguiendo los campos y criterios de Europass:

*euro**pass*** Currículum vítae

INFORMACIÓN PERSONAL	Francisca Segura López
	📍 Pº de la Constitución, 400, 3ª, 50008 Zaragoza (España)
	📞 +34 911234567 📠 +34 911234567
	✉ segura@pop.es
	🌐 www.segura.org
	💬 ICQ francisca.segura

EMPLEO SOLICITADO	Contable

EXPERIENCIA PROFESIONAL

Septiembre 2003 - Noviembre 2012	**Contable**
	Empresa Asesores Fiscales y Auditores reunidos. Calle de los Pirineos 53, Huesca
	- gestión de cuentas - balances - análisis

Octubre 1998 - Mayo 2001	**Prácticas en alternancia**
	Academia de Contabilidad "El Balance", C/ del Coscorrón, 34, Zaragoza
	Ayudar en labores de auditoría en una empresa que trabaja para el Ministerio de Hacienda

Octubre 1997 - Septiembre 1998	**Profesora de Contabilidad Informatizada para administrativos**
	Bascol, Dpto. de Auditoria, C/ de Jaca,16, Huesca
	Profesora de alumnos adultos, con conocimientos administrativos, ya sea de Formación Profesional o de formación ocupacional, para impartir cursos de Plan General Contable y contabilidad ayudados de aplicaciones informáticas

EDUCACIÓN Y FORMACIÓN

Octubre 1999 - Diciembre 1999	**Curso de Contabilidad Informatizada "Express"**
	Centro de Formación de Adultos para Aplicaciones Informáticas. Huesca (Centro de Formación Ocupacional Homologado por el INEM)

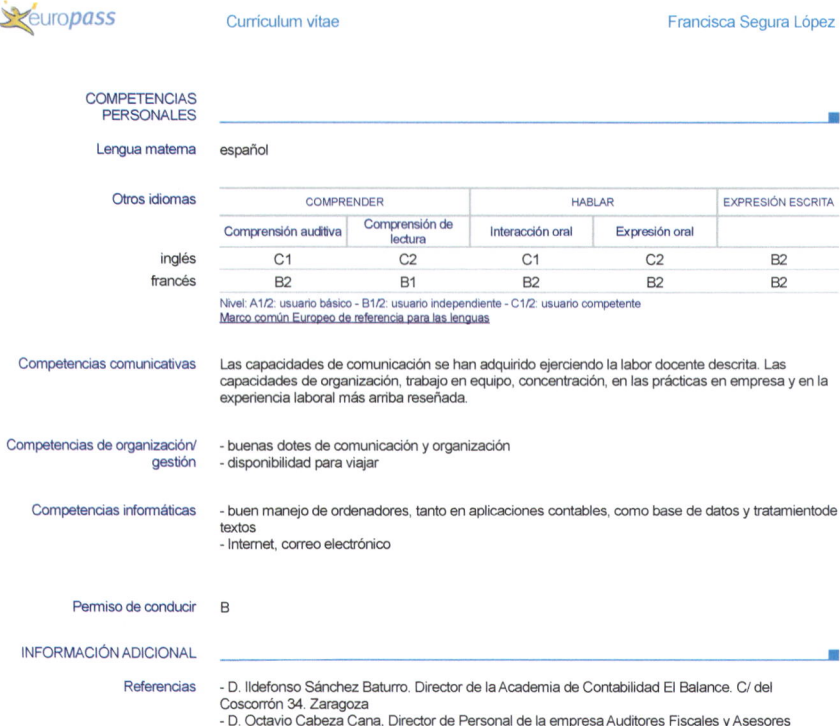

COMPETENCIAS PERSONALES				
Lengua materna	español			

Otros idiomas	COMPRENDER		HABLAR		EXPRESIÓN ESCRITA
	Comprensión auditiva	Comprensión de lectura	Interacción oral	Expresión oral	
inglés	C1	C2	C1	C2	B2
francés	B2	B1	B2	B2	B2

Nivel: A1/2: usuario básico - B1/2: usuario independiente - C1/2: usuario competente
<u>Marco común Europeo de referencia para las lenguas</u>

Competencias comunicativas   Las capacidades de comunicación se han adquirido ejerciendo la labor docente descrita. Las capacidades de organización, trabajo en equipo, concentración, en las prácticas en empresa y en la experiencia laboral más arriba reseñada.

Competencias de organización/ gestión
- buenas dotes de comunicación y organización
- disponibilidad para viajar

Competencias informáticas
- buen manejo de ordenadores, tanto en aplicaciones contables, como base de datos y tratamientode textos
- Internet, correo electrónico

Permiso de conducir   B

INFORMACIÓN ADICIONAL

Referencias
- D. Ildefonso Sánchez Baturro. Director de la Academia de Contabilidad El Balance. C/ del Coscorrón 34. Zaragoza
- D. Octavio Cabeza Cana, Director de Personal de la empresa Auditores Fiscales y Asesores Reunidos. Calle de los Pirineos 53, Huesca

Como vemos, el CV europeo recoge un repertorio de competencias sociales, organizativas, informáticas y de idiomas.

A veces conviene utilizar un modelo mixto de dos o más de los aquí propuestos.

En la **redacción** del currículum debemos ser cuidadosos con los siguientes aspectos:

- *El CV se elabora en función de una oferta concreta.* Para poder enviar un CV adaptado a los requerimientos de cada oferta es interesante elaborar un Currículum Madre, es decir, construir una base genérica de información sobre la formación, competencias, intereses y experiencia profesional y mantenerla actualizada. Así, esa información de base se podrá adaptar a cada modelo de currículum según se considere la más idónea.

- *No se escribe a mano,* a no ser que lo pidan expresamente. Si es así, con letras mayúsculas y claras.

- *Es conveniente elegir bien el modelo* en que organizamos la información para optimizar su presentación.

- Debe ser *breve, concreto, ordenado, claro, bien redactado* (cuidando la gramática y ortografía) y *presentado.* El vocabulario debe estar adaptado al puesto de trabajo para el que se opta. Asimismo, se deben evitar tecnicismos difíciles de comprender.

- Los párrafos deben iniciarse con verbos activos.

- Es recomendable no superar las dos hojas.

- No grapar la carta de presentación al CV.

- Guardar el CV con un *nombre de archivo formal* ya que será ese nombre aparecerá en el *mail* del receptor del mismo.

- Enviarlo siempre en *formato .pdf.*

2.4.3. Agenda de búsqueda de empleo

Un instrumento que resulta útil en la planificación de la búsqueda de empleo es la agenda de búsqueda de empleo. En ella debe quedar registrada y ordenada cualquier actividad dedicada a buscar trabajo, así como el tiempo empleado, recursos y puntos clave. Puede ayudar para:

a) Recordar los contactos con empresas que hayamos realizado o queramos realizar en un futuro próximo.

b) Recopilar información que vayamos recibiendo de cada empresa: puestos que podrían interesarnos, modo habitual de selección…

c) Organizar un plan semanal, mensual…de las actividades que vayamos a llevar a cabo para buscar empleo: visitas a oficinas de empleo, a los portales de empleo, a las ETT…

Podemos utilizar cualquier tipo de agenda o bien diseñarla nosotros mismos con los datos que queramos incluir. Por ejemplo:

- Nombres y teléfonos de personas de interés.

- Datos de empresas: sector, dirección, teléfono, persona de contacto…

- Fuentes de información.

- Citas con las distintas personas con las que creamos que debemos quedar.

- Fechas de las distintas actividades realizadas: llamadas telefónicas, visitas, envío de CV…

	Nombre de empresa /Contactos/Puesto vacante	Tareas	Fecha
Lunes	Empresa: SEPE Contacto: María Puesto vacante: orientador	Envío de CV y Carta de presentación	10/04/2014
Martes			
Miércoles			
Jueves			
Viernes			

En la agenda de búsqueda de empleo debemos anotarlo absolutamente todo, incluso aquello que pensemos que no es necesario. Puede ser que en un futuro nos haga falta esa información.

Debemos establecer el orden de envío de los CV determinando las ofertas de empleo a las que queremos presentarnos o las empresas a las que queremos darnos a conocer y organizárnoslo por días.

Una vez enviados los CV con sus cartas de presentación correspondientes anotaremos la fecha de envío, el nombre de la empresa, los datos y la persona de contacto, el canal de envío y la respuesta obtenida (si la hubiera). Pasados unos días es conveniente realizar llamadas de seguimiento del CV para asegurarnos de que han llegado a los destinatarios deseados y para interesarnos por el desarrollo del proceso de selección. En la agenda debemos anotar el resultado de la llamada y el nombre de la persona con la que hemos hablado. Así, tendremos una persona de referencia en caso de volver a llamar.

Asimismo, anotaremos las entrevistas concertadas con la información relevante como, por ejemplo, la hora de la cita, la persona de contacto y datos de contacto. En este momento, deberemos buscar información acerca de la empresa que nos quiere entrevistar, así como revisar la carta de presentación y el CV enviados para saber con exactitud qué información les proporcionamos en ese momento. Una vez finalizada la entrevista, incluiremos en la agenda un resumen de la misma incluyendo preguntas realizadas, cómo nos hemos sentidos nosotros, aspectos que hay que mejorar…

2.5. Canales de acceso a información

2.5.1. La web: portales

En el punto *2.2.6. Agentes vinculados con la orientación formativa y laboral e intermediadores laborales* hablamos de los portales de empleo, su definición y clasificación según pertenecieran a entidades públicas o privadas y según el carácter especializado o generalista de las ofertas de empleo que gestionasen.

A continuación mostramos algunos de los portales de empleo pertenecientes a entidades privadas:

a) www.jobandtalent.es/.

b) www.tecnoempleo.com: portal de empleo que gestiona ofertas del sector de informática, tecnología y telecomunicaciones.

c) www.trabajos.com.

d) www.acciontrabajo.es: portal de empleo de ámbito nacional.

e) www.infojobs.net:

Incluimos una captura de pantalla del portal de empleo en la que podemos observar cómo, introduciendo palabras clave del puesto de trabajo que buscamos y el lugar geográfico donde queremos ese trabajo, el portal de empleo nos ofrece un listado de ofertas ajustadas a esos criterios de búsqueda.

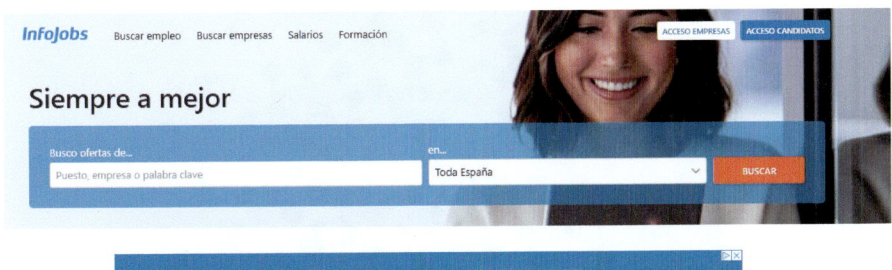

http://www.infojobs.net/

f) Infoempleo: www.infoempleo.com

En Infoempleo podemos aplicar criterios de búsqueda de empleo como palabras clave, lugar y categoría (empleo, primer empleo o empleo internacional). Adicionalmente, también permite filtrar por la modalidad (teletrabajo, híbrido o presencial).

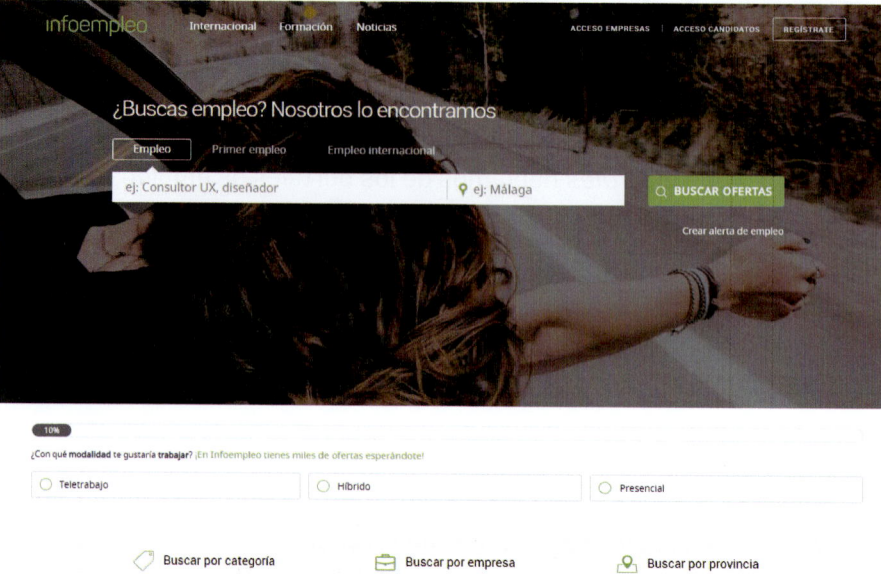

g) https://empleate.gob.es/empleo

Portal gestionado por el Ministerio de Trabajo y Economía Social que centraliza ofertas de empleo público y privado.

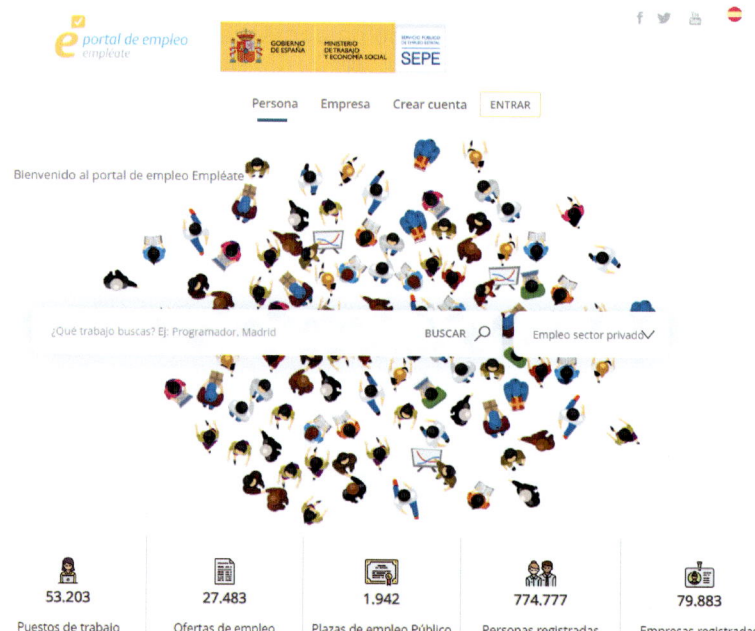

Por su parte, los **metabuscadores de empleo** son sitios web que no tienen una base de datos propia como pueda tenerla Infojobs o Infoempleo sino que rastrean y recogen las ofertas que aparecen en todos los portales de empleo y así el usuario puede revisarlas todas desde un único buscador y no ir visitando cada portal de empleo. Algunos ejemplos son:

a) Job Today

b) Empleo.com

c) JobRapido

d) Indeed

e) Buscojobs

f) Futurojobs

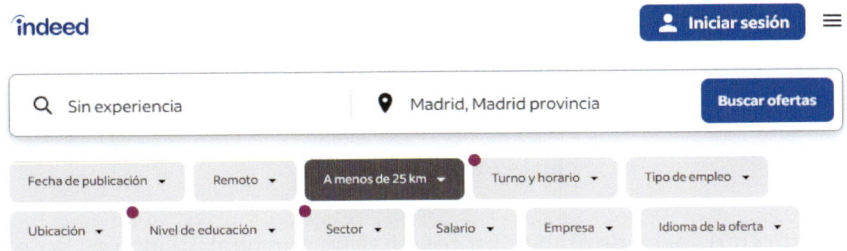

2.5.2. Redes de contactos

Al hablar de las técnicas de búsqueda de empleo destacábamos la red de contactos (networking) como una de las técnicas más poderosas para encontrar trabajo. Además de nuestros contactos más próximos como familiares, amigos y excompañeros de trabajo a los que es conveniente informar de que estamos buscando trabajo existen numerosas redes profesionales que permiten volcar nuestra información profesional y establecer contacto con profesionales de nuestro sector u otro. En estas redes profesionales nuestro CV puede ser consultado por cualquier miembro de esta red sea o no nuestro contacto directo. A mayor visibilidad mayor probabilidad de que contacten con nosotros para procesos de selección.

Existen numerosas redes profesionales aunque, por razones de espacio, nos detendremos en algunas de las más populares y con mayor número de usuarios.

La red profesional más popular y con numerosos usuarios es **LinkedIn**: es la mayor red profesional del mundo en internet y cuenta con millones de usuarios en más de 200 países y territorios. Su gran popularidad lo ha convertido en un directorio de negocios y en un lugar para encontrar trabajo excelente. Pertenecer a LinkedIn se ha convertido tanto en una necesidad profesional como en una forma de promocionar tu empresa. Es una red profesional gratuita excepto para algunos servicios que, si quieres disfrutarlos deberás abonar una cuota.

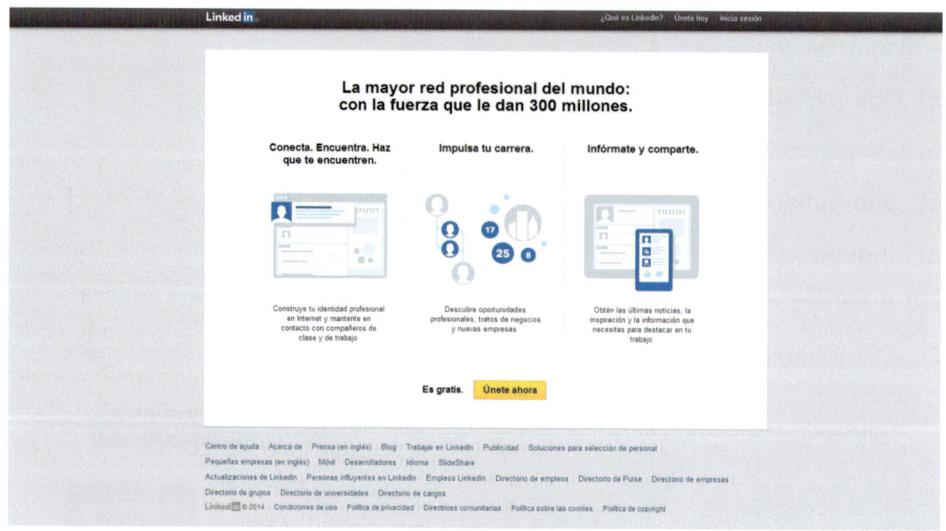

https://www.linkedin.com/

Xing es una red social de ámbito profesional, su principal utilidad es la de gestionar contactos y establecer nuevas conexiones entre profesionales de cualquier sector. También cuenta con ofertas de empleo, páginas de empresa y una sección para ver y publicar eventos.

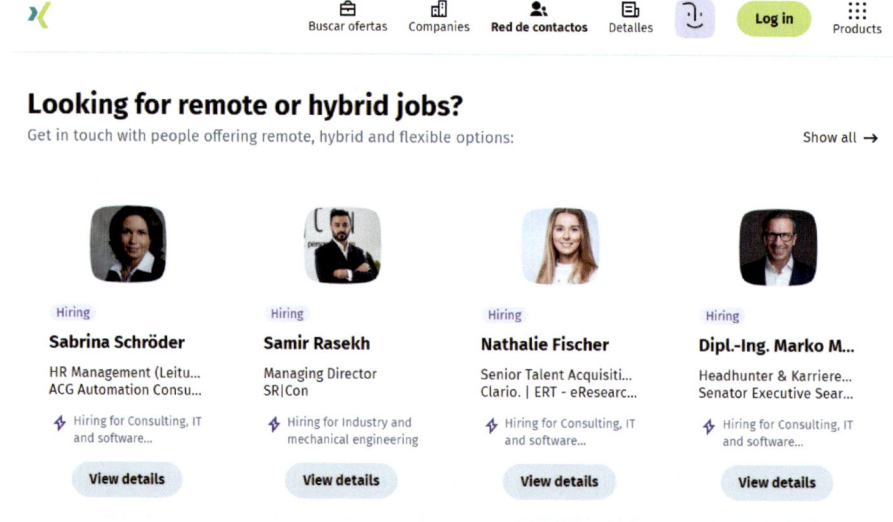

https://www.xing.com/network

Womenalia es la primera red social mundial de *networking* para mujeres profesionales, que pone en contacto a perfiles de mujeres con intereses y necesidades afines y un objetivo común, aumentar la visibilidad del talento femenino en el terreno empresarial, incrementando el emprendimiento y aumentando el acceso a puestos ejecutivos e impulsando a cualquier mujer profesional a alcanzar las metas profesionales que se proponga. Comenzó en 2011 y a día de hoy cuenta con más de 300 000 usuarias.

http://www.womenalia.com/es/

2.6. Procesos de selección

2.6.1. La entrevista

La entrevista constituye la última fase del proceso de selección y ejerce gran influencia en la decisión final de los empleadores. Si conseguimos llegar hasta la entrevista es porque hemos superado los pasos previos y porque, *a priori,* nuestros conocimientos y habilidades se ajustan a lo solicitado por la empresa. Así que esta entrevista es una oportunidad para darnos a conocer personalmente, ampliar la información incluida en el CV, resaltar nuestras cualidades y defender nuestra candidatura.

Algunos **tipos de entrevista** más habituales son:

- *Telefónica:* se trata de un tipo de entrevista cada vez más usado para ahorrar tiempo tanto al empleador como empleado. El candidato solo emplea como recursos su comunicación verbal. Por este motivo, debe ser extremadamente cuidadoso con ella.

- *Personal:* es una parte del proceso de selección ineludible. Debemos llegar con anticipación, vestidos acorde para la ocasión y bien preparados para afrontar cualquier pregunta. Es recomendable practicar las respuestas.

- *Grupal:* se utiliza mucho para distinguir las cualidades de liderazgo, comunicación, toma de decisiones bajo presión y trabajo en equipo. Es necesario que el candidato participe de manera activa, sea tolerante, empático e inteligente para llegar a acuerdos grupales.

- *Múltiple:* el candidato es evaluado por varios seleccionadores desde diferentes puntos de vista.

- *Online:* permite entrevistar a candidatos que están en diferentes partes del mundo. Así, la ubicación geográfica deja de ser un problema (recuerda que una característica del mercado de trabajo actual es la globalización y ello permite eliminar barreras).

- *De personalidad:* el objetivo del seleccionador es identificar el perfil psicológico del candidato a través de pruebas psicológicas que determinarán los principales rasgos de comportamiento y personalidad.

- *Por competencias:* predice las acciones del candidato por las decisiones que tomó en el pasado. En este tipo de entrevistas, las organizaciones buscan candidatos no solo que cuenten con la formación y experiencia profesional más ajustada al puesto, sino que además presente un repertorio conductual adecuado para afrontar situaciones críticas. Este tipo de entrevista es cada vez más habitual.

Dado que nos encontramos en el marco de los Certificados de Profesionalidad y estos están diseñados para lograr la adquisición de competencias profesionales nos centraremos en este tipo de entrevistas profesionales que tratan de averiguar si el candidato posee determinadas competencias. Recuerda que una **competencia** reúne los siguientes saberes: *saber qué, saber hacer, saber estar y querer hacer.* Estos saberes guían la conducta en un momento dado, en nuestro caso, dentro del ámbito laboral. Estas competencias no se pueden identificar en una entrevista de trabajo tradicional que solo mide el grado de conocimiento y experiencia.

Para llegar a saber si el candidato presenta determinadas competencias, el entrevistador se centra fundamentalmente en la obtención de ejemplos conductuales en su vida profesional, académica y personal, los cuales serán analizados y servirán para predecir el comportamiento del candidato en determinadas situaciones.

Las situaciones que puede sugerir el entrevistador pueden ser:

- Cuénteme una situación en la que sus superiores hayan reconocido su trabajo.

- Cuénteme cómo resolvió una situación conflictiva en su trabajo.

- Cuénteme cómo realiza usted estas funciones.

- Cuénteme cómo organiza sus tareas.

Y, por último, algunos **consejos útiles para afrontar una entrevista por competencias**:

- Responder a las preguntas con total honestidad y naturalidad.

- Hablar siempre en primera persona: yo hice, yo participé, decidí…

- Emplear argumentos sólidos y evitar las respuestas de Sí o No.

- Relatar los eventos reales con fidelidad, no hipotéticamente.

- Si es posible, reconstruir diálogos de aquella situación.

- Ser neutral, dejar de lado cualquier emoción que nos provocara la situación.

A continuación veremos algunas recomendaciones para prepararnos y desarrollar con éxito cualquier tipo de entrevista profesional:

Preparación de la entrevista: esta preparación de la entrevista nos ayudará a aumentar las probabilidades de éxito durante la misma. Esta preparación consiste en:

- *Informarse acerca de la empresa y de las características del puesto de trabajo* al que se opta, así como sus servicios y productos. Esta información se puede obtener a través de su página web.

- Identificar los *valores* que la empresa busca en el candidato. Esto nos permitirá adaptar nuestro perfil a esos valores para ser el candidato idóneo.

- Identificar nuestras fortalezas y debilidades y considerar las amenazas y oportunidades (DAFO lo vimos en el primer capítulo).

- Estudiar el CV que presentamos o que presentaremos: si el seleccionador detecta discrepancias entre nuestro CV y nuestro discurso perderemos credibilidad.

- Realizar una lista de razones por las que la empresa debería contratarnos a nosotros y no a otro candidato.

- Cuidar nuestra imagen y aspecto personal adaptándolo a las circunstancias.

- Ser puntual. Calcularemos previamente el tiempo de desplazamiento para no llegar tarde.

- Ensayar la entrevista con algún amigo con buen criterio puede ayudarnos a cuidar el comportamiento verbal y no verbal durante la misma.

Para el desarrollo de una buena entrevista es fundamental aprender a manejar nuestros recursos. Algunos consejos que se deben seguir durante el **desarrollo de la entrevista** para facilitar el acceso al puesto de trabajo son:

- El objetivo del seleccionador es averiguar si el entrevistado representa el candidato ideal. Para nosotros, nuestro objetivo es demostrarle que así es.

- Adoptar una actitud positiva, natural, educada y abierta a los temas de la entrevista. Dejar que la persona que nos entrevista dirija el acto y mantener el contacto visual.

- Utilizar un lenguaje claro, directo, conciso, sincero, serio y positivo, evitando bromas inadecuadas, tacos y falsedades.

- Respecto al comportamiento no verbal, trataremos de transmitir confianza y seguridad en nosotros mismos. Evitar una gesticulación excesiva, respetar los espacios personales, ocupar una posición y postura correcta no apoyándonos demasiado ni sobre el respaldo de la silla ni sobre la mesa.

- Preparar el contenido de nuestro discurso. Tener claro cuáles son nuestros puntos fuertes y la manera en la que hacemos frente a las debilidades que puedan ver en nosotros.

- Escoger bien el momento de hablar del salario. Escucha y valora la propuesta de la organización. Ensayar una negociación para acercarnos a lo habitual en el mercado laboral.

- Dejar la puerta abierta a otras oportunidades dentro de la empresa.

- Asegurarse de que conocemos los siguientes pasos tras la entrevista y despedirse cordialmente.

- Finalizada la entrevista, analizarla y registrar en la agenda las debilidades y fortalezas para aprender a mejorar nuestra actuación en futuras entrevistas.

2.6.2. Pruebas profesionales

Los procesos de selección incluyen *pruebas profesionales, de personalidad y psicotécnicas* (de memoria y orientación), de cultura general o específicas para elegir al candidato idóneo.

Las **pruebas profesionales** o de conocimiento son ejercicios que evalúan las competencias profesionales del postulante para desarrollar un trabajo concreto. Las empresas las elaboran a medida en función de los requisitos del puesto. Pueden ser orales, en grupo, tipo test y según el puesto al que optamos pueden consistir en:

a) Idiomas.

b) Mecanografía.

c) Ofimática.

d) Realización de una traducción.

e) Elaboración de un informe a partir de una información dada.

f) Buscar una solución a un problema concreto.

g) Cualquier actividad que pueda tener relación con el puesto a desempeñar.

Por su parte las pruebas psicotécnicas tratan de evaluar:

a) Aptitud verbal

b) Aptitud numérica

c) Aptitud espacial

d) Razonamiento abstracto

e) Atención-concentración-retención

Y, por último, existen dos bloques de pruebas de personalidad: las introspectivas y proyectivas.

Actividades

2.1. Rellena el espacio en blanco con la/s palabra/s que creas adecuadas:

1. El organismo que realiza estadísticas de interés general como la Encuesta de Población Activa es _____

2. Para favorecer la orientación profesional a lo largo de la vida, Europa ofrece estas dos redes de orientación profesional: _____

    _____

3. Los profesionales especializados en la realización de acciones de orientación como la tutoría individualizada, búsqueda activa de empleo, taller de entrevistas, etc. es el _____

    _____

2.2. Resuelve el siguiente crucigrama a partir de las definiciones ofrecidas:

HORIZONTALES

2. Página web que nos permite elaborar un CV siguiendo el formato europeo.
3. Entidad que colabora en la realización de acciones de orientación laboral que faciliten al ciudadano la búsqueda de un empleo por cuenta propia o ajena.
5. Técnica de búsqueda de empleo que consiste en informar a nuestros contactos de nuestra situación.

VERTICALES

1. Red de colaboración que establece puntos de unión entre los sistemas de orientación europeos.
4. Red de cooperación destinada a facilitar la libre circulación de trabajadores en el espacio europeo.
6. Empresas dedicadas a poner a disposición de empresas usuarias, trabajadores con carácter temporal.
7. Acciones diseñadas para poner en contacto las ofertas de trabajo con los trabajadores que buscan empleo

2.3. Indica si los siguientes enunciados son verdaderos (V) o falsos (F):

Enunciados	V	F
1. La Encuesta de Población Activa obtiene datos, entre otros aspectos, del número de trabajadores en activo, desempleados y ocupados.		
2. La Estrategia Española de Empleo es el instrumento del SNE que analiza, entre otros aspectos, la situación y tendencias del mercado laboral.		
3. El CV se elabora en función de una oferta concreta.		
4. El **contrato de puesta a disposición** es el contrato celebrado entre empresas de selección y los trabajadores.		
5. Las agencias de colocación no tienen la obligatoriedad de estar autorizadas por el Servicio Público de Empleo Estatal.		
6. Un instrumento útil en la planificación de la búsqueda activa de empleo es la agenda de búsqueda de empleo.		
7. Los metabuscadores de empleo son sitios web que rastrean y recogen las ofertas que aparecen en todos los portales de empleo para facilitar al usuario su revisión.		
8. La entrevista profesional por competencias permite predecir las acciones del candidato a partir de las decisiones que tomó en el pasado.		

2.4. En la columna de la izquierda aparecen cinco tipos de CV y en la columna de la derecha, cinco descripciones. Cada una se corresponde con un tipo de CV. Asócialos.

Tipo de CV	Descripción.
1. Cronológico	a) La información se estructura como una secuencia de materiales multimedia que resume la creatividad profesional de las personas candidatas.
2. Funcional	b) La información se ordena de forma temporal y consecutiva, en una secuencia de logros académicos y profesionales.
3. Creativo	c) El modelo presenta las competencias y cualificaciones de una manera normalizada para los países de la Unión Europea para facilitar su lectura y comprensión.
4. Por proyectos	d) La información se estructura relacionando el conjunto de funciones que se requieren para cubrir las necesidades planteadas en el puesto ofertado con la formación y experiencia acreditadas por el historial del candidato.
5. Europeo	e) La información se estructura por competencias requeridas para el puesto para el que se postula con las derivadas de la participación de la persona candidata en diversos proyectos profesionales.

2.5. Las cinco etapas que se llevan a cabo en el programa de Orientación Profesional para el Empleo y asistencia para el Autoempleo (OPEA) son:

1.

2.

3.

4.

5.

2.6. En esta sopa de letras están escondidas tres redes profesionales. Encuéntralas!

```
L L I Y V E O M L H Q T V V W N R
N F C W Y K P R I E U C I M E M P
D Y R O W H L M N D Y B A X C U N
J E I M A D I K K H Y E D P E W E
I V C E X L V Q E O W W E Z A Q N
Z N V N A I T D D J O Z O Y K B E
O Z H A I V E L I W E E Z D E G D
A A S L U Z O R N X I N G S E A M
M Z M I E O U J R U O W O K I E U
O K C A E Q F R N A N F F L Q N U
F E C K U O Q J D M R V M O Y T G
O V K V S E O K L H P I E R A J O
N C Y J O S Y B C F J J X T A I Z
A P R J L H Y O E V O P M V A X A
Y F M O P B U N N D E R S G B F H
Y Z S I E D T Y E U B F B I S J T
J C X S Z E H U Z L H V U O A A A
```

REDES PROFESIONALES

1. ....

2. ....

3. ....

2.7. Nombra y describe tres técnicas de búsqueda de empleo.

1.

2.

3.

Actividades prácticas

Caso práctico. Análisis y actualización de recursos formativos y laborales para la transmisión de oportunidades de empleo acorde a la acción de formación.

Contexto:

> Un centro de Formación Profesional ofrece un programa formativo en el ámbito de desarrollo de aplicaciones informáticas. Los alumnos de este ciclo están próximos a finalizar su formación y necesitan orientación sobre las oportunidades laborales disponibles, así como información detallada sobre los requisitos y expectativas del sector tecnológico.

> El equipo de profesionales del centro se enfrenta al desafío de proporcionar a los estudiantes información relevante y actualizada sobre el mercado laboral, alineada con las competencias adquiridas durante su formación. Para ello, es necesario que se realice un análisis exhaustivo y contextualizado del sector, utilizando recursos de búsqueda de empleo adecuados y actualizando constantemente la información que compartes con los estudiantes.

Objetivo del caso práctico:

> Recabar información sobre la realidad laboral del sector de la tecnología y desarrollo de *software*, identificando recursos de búsqueda de empleo y recopilando datos detallados sobre la oferta formativa y profesional para transmitir oportunidades de empleo reales y acordes a la formación recibida.

Actividad que hay que realizar: recopilación de información sobre el perfil de los estudiantes y elaboración de una ficha de análisis del perfil profesional.

1. Analiza la realidad formativa y profesional del sector tecnológico:

    -   Elabora un informe detallado sobre las tendencias del mercado laboral en el sector tecnológico.

    -   Para ello, consulta diferentes informes sectoriales, estadísticas de empleo en el sector y/o informes sobre la evolución de las tecnologías utilizadas en el desarrollo de aplicaciones. ¿Qué fuentes de información consultarías?

- Incluye información relativa a los siguientes aspectos:

  — Habilidades más demandadas y competencias profesionales clave requeridas por las empresas tecnológicas.

  — Requisitos y/o expectativas de los empleadores en cuanto a la formación y la experiencia.

  — Áreas con mayor potencial de empleo para los especialistas en Desarrollo de Aplicaciones Informáticas.

  — Características del sector: ¿Qué caracteriza a las ofertas del sector? ¿Predomina el trabajo a jornada parcial, *full time, freelance,* prácticas...? ¿Qué nivel de especialización se requiere mayormente (junior, sénior, especializado)? ¿Se ofrece empleo en remoto (teletrabajo o híbrido)? ¿Cuáles son los rangos salariales del sector?

2. Identifica y clasifica de recursos de búsqueda de empleo:

- Crea una base de datos organizada con los recursos de búsqueda de empleo clasificados por categorías (portales de empleo, empresas, agencias de selección, etc.), para poder proporcionar esta información a los estudiantes en formato digital.

- Para ello, incluye recursos específicos para la búsqueda de empleo como:

  — Observatorios de empleo especializados en el sector IT.

  — Portales de empleo *online* donde se publican ofertas de trabajo para desarrolladores y programadores.

  — Consultorías y agencias de colocación.

  — Oficinas de empleo que ofrecen programas específicos de inserción laboral para perfiles tecnológicos.

  — Empresas del sector tecnológico que cuentan con programas de inserción laboral o colaboraciones con centros de formación.

3. Recopila y organiza información sobre la oferta formativa relacionada con el sector profesional:

- Crea un informe organizado y actualizado con la oferta formativa complementaria del sector tecnológico.

- Incluye enlaces directos a las plataformas y cursos más relevantes para que los estudiantes puedan acceder fácilmente.

- Recopila un listado de instituciones o centros que ofrezcan formación relacionada.

GLOSARIO

- **Agencia de búsqueda de empleo**: organizaciones públicas o privadas que ayudan a las personas a encontrar empleo, ofreciendo servicios de orientación y oportunidades laborales.

- **Canales de información del mercado laboral**: recursos como el INE, observatorios de empleo y portales especializados que facilitan datos y tendencias sobre el mercado laboral para orientar la búsqueda de empleo.

- **Carta de presentación**: documento breve y personalizado que acompaña al currículum, destacando habilidades y motivación para optar a un puesto específico.

- **Currículum europeo**: modelo estandarizado de currículum, utilizado en la Unión Europea, que facilita la presentación de formación y experiencia de forma clara y uniforme.

- **Empresas de selección**: organizaciones especializadas en identificar y reclutar candidatos adecuados para cubrir las necesidades laborales de otras empresas.

- **Entrevista laboral**: encuentro entre la persona candidata y el empleador para evaluar la idoneidad del primero en función de sus habilidades y experiencia.

- **Guía de recursos para el empleo y la formación**: documento que recopila información sobre herramientas, servicios y recursos disponibles para facilitar la búsqueda de empleo y la mejora de competencias profesionales.

- **Intermediación laboral**: proceso en el que agentes, como ETT o empresas de selección, conectan a demandantes de empleo con empresas que requieren personal.

- **OPEA (Programa de Orientación Profesional para el Empleo y Autoempleo)**: iniciativa que ofrece asesoramiento personalizado y herramientas para facilitar la búsqueda de empleo y el emprendimiento.

- **Procesos de selección**: etapas que las empresas siguen para evaluar y contratar candidatos, incluyendo entrevistas y pruebas de competencias profesionales.

- **Pruebas profesionales**: ejercicios prácticos que evalúan las competencias específicas requeridas para un puesto de trabajo.

- **Redes de contactos**: conjunto de relaciones personales y profesionales utilizadas para obtener información o referencias en la búsqueda de empleo.

- **Redes europeas de orientación profesional**: plataformas de cooperación, como EURES, que fomentan la movilidad laboral y el acceso a información sobre empleo en la Unión Europea.

- **SEPE (Servicio Público de Empleo Estatal)**: entidad que coordina las políticas activas de empleo y la gestión de prestaciones por desempleo en España, en colaboración con los servicios autonómicos.

- **Servicios autonómicos de empleo**: organismos regionales encargados de la gestión de programas de empleo, orientación laboral y formación en sus respectivas comunidades autónomas.

- **Técnicas de búsqueda de empleo**: estrategias, como la redacción de cartas de presentación y currículums, que ayudan a los candidatos a destacar en los procesos de selección.

- **Tutores de empleo**: profesionales que asesoran y guían a personas en procesos de búsqueda de empleo o mejora de su empleabilidad, adaptando estrategias a sus necesidades.

MAPA CONCEPTUAL

LA INFORMACIÓN PROFESIONAL. ESTRATEGIAS Y HERRAMIENTAS PARA LA BÚSQUEDA DE EMPLEO

CANALES DE INFORMACIÓN DEL MERCADO LABORAL

¿Cómo conocer las características del mercado laboral?
- *Instituto Nacional de Estadística (INE) y EPA (Encuesta de Población Activa)*
- *Sistema Nacional de Empleo (SNE)*
- *Observatorio de las ocupaciones del Servicio Público de Empleo Estatal*
- *Portales de empleo*

AGENTES VINCULADOS CON LA ORIENTACIÓN FORMATIVA Y LABORAL E INTERMEDIADORES LABORALES

- Redes europeas de orientación profesional
- Servicio Público de Empleo Estatal (SEPE) y Servicio Público de
- Empleo de las Comunidades Autónomas
- Tutores de empleo
- OPEA (Programa de acciones de Orientación Profesional para el
- Empleo y asistencia al Autoempleo)
- Intermediación laboral
  · Empresas de Trabajo Temporal (ETT)
  · Agencias de colocación
- Empresas de selección

TÉCNICAS DE BÚSQUEDA DE EMPLEO

- **Búsqueda activa de empleo** (BAE): proceso que incluye las actividades dirigidas al conocimiento, entrenamiento y aplicación de las habilidades y técnicas que facilitan el proceso de encontrar un empleo
- **Técnicas de búsqueda de empleo:** conjunto de procedimientos y estrategias estructuradas, destinadas a aumentar la probabilidad de conseguir un puesto de trabajo
- **Herramientas** necesarias para la búsqueda de empleo:
  · Carta de presentación
  · Currículum
  · Agenda de búsqueda de empleo

PROCESOS DE SELECCIÓN

- Entrevista:
  · Presencial, telefónica, *online*
  · Personal, grupal, múltiple.
  · De personalidad, por competencias…
- Pruebas profesionales: evaluación de competencias profesionales para desarrollar un trabajo concreto

3. Calidad de las acciones formativas. Innovación y actualización docente

Introducción

Para que el subsistema de la Formación Profesional para el Empleo (FPE) cumpla con sus objetivos de mejorar la productividad y competitividad de las empresas, así como la capacitación profesional y desarrollo personal de los trabajadores, las acciones formativas que se lleven a cabo en ese ámbito deberán ejecutarse cumpliendo con unos estándares de calidad diseñados por las Administraciones públicas competentes.

Contenido

3.1. Procesos y mecanismos de evaluación de la calidad formativa. Indicadores de calidad de las acciones formativas.

3.2. Centros de referencia nacional.

3.3. Perfeccionamiento y actualización técnico-pedagógica de los formadores: planes de perfeccionamiento técnico. Realización de propuestas de los docentes para la mejora de la acción formativa.

3.4. Centros integrados de Formación Profesional.

3.5. Programas europeos e iniciativas comunitarias.

TEMA 3: CALIDAD DE LAS ACCIONES FORMATIVAS. INNOVACIÓN Y ACTUALIZACIÓN DOCENTE

- C4: Analizar mecanismos que garanticen la calidad de las acciones formativas.
- C5: Diseñar procedimientos y estrategias de innovación y actualización profesional.

3.1. Procesos y mecanismos de evaluación de la calidad formativa. Indicadores de calidad de las acciones formativas.

La evaluación de la calidad formativa es un proceso clave en los sistemas de Formación Profesional para el Empleo. Su objetivo es garantizar que las acciones formativas sean eficaces, relevantes y alineadas con las necesidades del mercado laboral.

1. Evaluación de la acción formativa

La evaluación de la calidad formativa puede realizarse en diferentes momentos del proceso:

a) **Evaluación inicial (diagnóstico):** consiste en identificar las necesidades de formación antes de diseñar las acciones formativas. Se analizan los perfiles de los destinatarios, las demandas del mercado laboral y los objetivos de aprendizaje. Para realizar este diagnóstico, se pueden analizar estudios sectoriales y encuestas a empresas y trabajadores.

b) **Evaluación del proceso formativo:** durante el desarrollo de las acciones formativas, se pueden evaluar aspectos como la metodología didáctica, los recursos utilizados, la adecuación del contenido y la satisfacción de los propios alumnos. Esta monitorización continua es muy útil ya que permite realizar ajustes en tiempo real.

c) **Evaluación de resultados:** una vez finalizada la formación, se evalúa el grado de consecución de los objetivos planteados al inicio. Por ejemplo, pueden recogerse datos sobre la adquisición de competencias, el nivel de satisfacción de los alumnos y la empleabilidad alcanzada.

Los indicadores de calidad comúnmente utilizados para evaluar las acciones formativas son:

INDICADORES DE EFICIENCIA	
Índice de participación	Proporción de alumnos que completan la formación respecto a los que se inscriben.
Tasa de finalización	Número de alumnos que finalizan con éxito la acción formativa.
INDICADORES DE EFICACIA	
Tasa de empleabilidad	Porcentaje de alumnos que encuentra empleo relacionado con la formación recibida.
Competencias adquiridas	Nivel de dominio de las competencias clave previstas en el programa formativo.
Satisfacción de los participantes	Evaluación de la calidad percibida por alumnos y formadores mediante encuesta.

INDICADORES DE IMPACTO	
Inserción laboral	Proporción de alumnos que se incorpora al mercado laboral tras la formación.
Mejora de condiciones laborales	Evaluación de la mejora en la situación laboral de los trabajadores que han participado en la formación.
Impacto en la productividad	Efecto de la formación en la mejora de la eficiencia y productividad en las empresas participantes.

Por su parte, los propios **alumnos** también participan en la evaluación de las acciones formativas mediante la cumplimentación de cuestionarios de calidad diseñados por las Administraciones públicas competentes. Este cuestionario se divide en tres bloques:

- Bloque I: datos identificativos de la acción formativa.

- Bloque II: datos de clasificación del participante.

- Bloque III: valoración de la acción formativa. En este bloque se incluyen, entre otros, los siguientes **indicadores de calidad** diseñados por las Administraciones públicas competentes:

INDICADORES DE CALIDAD	
Valoración del alumnado de la **organización** del curso:	• El curso ha estado bien organizado (información, cumplimiento fechas y de horarios, entrega material). • El número de alumnos del grupo ha sido adecuado para el desarrollo del curso.
Valoración del alumnado de los **contenidos** del curso:	• Los contenidos del curso han respondido a mis necesidades formativas. • Ha habido una combinación adecuada de teoría y aplicación práctica.
Valoración del alumnado del **horario y duración**:	• La duración del curso ha sido suficiente según los objetivos y contenidos del mismo. • El horario ha favorecido la asistencia al curso.
Valoración del alumnado de **tutores/formadores**:	• La forma de impartir o tutorizar el curso ha facilitado el aprendizaje. • Conocen los temas impartidos en profundidad.

Valoración del alumnado de los **medios didácticos:**	• La documentación y materiales entregados son comprensibles y adecuados. • Los medios didácticos están actualizados.
Valoración del alumnado de las **instalaciones y medios técnicos** (pizarra, pantalla, proyector, TV, vídeo, ordenador, programas, máquinas…):	• El aula, el taller o las instalaciones han sido apropiadas para el desarrollo del curso. • Los medios técnicos han sido adecuados para desarrollar el contenido del curso.
Grado de **satisfacción general** del alumno:	• Si puede contribuir a su incorporación al mercado laboral. • Si le ha permitido adquirir nuevas competencias que pueda aplicar en su puesto de trabajo. • Si ha mejorado sus posibilidades para cambiar de puesto de trabajo. • Si ha ampliado sus conocimientos para progresar en su carrera profesional. • Si ha favorecido su desarrollo personal.

Con el fin de facilitar a los alumnos la cumplimentación del cuestionario de calidad, desde el SEPE se ha implementado un sistema electrónico que permite a los participantes de las acciones formativas cumplimentar *online* el cuestionario de satisfacción sobre la formación recibida. Incluyendo el número de localizador del curso se accede al cuestionario.

https://sede.sepe.gob.es/cuestionarioscalidad/CCalidadWebRED/CuestionarioCalidad.do

Y, por último, las **entidades responsables** de ejecutar los planes de FPE deberán realizar, durante su ejecución, una evaluación y control de la calidad de la formación que ejecuten.

2. Plan Anual de Evaluación del conjunto del subsistema de FPE

El SEPE, junto con los órganos competentes, elabora anualmente el *plan de evaluación de la calidad, impacto, eficacia y eficiencia del subsistema de FPE* en su totalidad. Por tanto, esta evaluación abarca todas las modalidades de FPE: de demanda, de oferta, formación en alternancia con el empleo y acciones de apoyo y acompañamiento a la formación. A través de este plan se valorará:

- El impacto de la formación realizada en el acceso al mundo laboral y/o mantenimiento del empleo.

- El impacto de la formación realizada en la mejora de la competitividad de las empresas, es decir, si el tener trabajadores más cualificados y con una formación actualizada ha revertido en mayores niveles de productividad en la organización.

- El alcance de la formación y la adecuación de las acciones a las necesidades del mercado laboral y de las empresas, es decir, si los contenidos impartidos y metodología utilizada en las acciones formativas se ajustan a las competencias profesionales demandadas por el mercado laboral.

- La eficiencia de los recursos económicos y medios empleados, es decir, si las instalaciones, tecnología, duración, número de alumnos…son adecuados para el óptimo desarrollo de las acciones formativas.

Este plan de evaluación velará porque se cumplan los propios objetivos del subsistema:

- Favorecer la formación a lo largo de la vida de los trabajadores desempleados y ocupados, mejorando su capacitación profesional y desarrollo personal.

- Proporcionar a los trabajadores los conocimientos y las prácticas adecuados a las competencias profesionales requeridas en el mercado de trabajo y a las necesidades de las empresas.

- Contribuir a la mejora de la productividad y competitividad de las empresas.

- Promover que las competencias profesionales adquiridas por los trabajadores tanto a través de procesos formativos (formales y no formales) como de la experiencia laboral, sean objeto de acreditación.

- Mejorar la empleabilidad de los trabajadores, especialmente de los que tienen mayores dificultades de mantenimiento del empleo o de inserción laboral.

Por último, el plan de evaluación recoge **criterios e indicadores** referidos a:

a) la *planificación de las acciones,*

b) *la ejecución de las mismas y*

c) *los resultados obtenidos de la formación,*

teniendo en cuenta las **evaluaciones** de la calidad **realizadas por** los *centros impartidores, los participantes en las acciones, las entidades responsables de ejecutar la formación,* así como la información recabada a través de los procesos de control y seguimiento.

3.2. Centros de referencia nacional

En el Consejo Europeo de Lisboa de 2000, se destacó el *conocimiento y la innovación* como los motores del progreso económico y en esta línea, se establece como objetivo de los países de la Unión Europea la necesidad de mejorar la calidad y la eficacia de los sistemas de educación y formación. Así, surge la necesidad de centros destinados a facilitar una Formación Profesional más competitiva y responder a los cambios en la demanda de cualificación de los sectores productivos, es decir, de innovar en esos sectores. De esta manera nacen los **Centros de Referencia Nacional (CRN)** que se caracterizan por programar y ejecutar actuaciones de carácter innovador, experimental y formativo en materia de formación profesional y desarrollar actividades de mejora de la calidad dirigidas a la red de centros colaboradores y a los formadores. Su actividad debería ser un referente orientador al conjunto del Sistema Nacional de Cualificaciones y Formación Profesional para el sector productivo y formativo.

Estos CRN están organizados por familias y áreas profesionales de manera que están especializados en los distintos sectores productivos y pueden incluir acciones formativas dirigidas a estudiantes, trabajadores ocupados y desempleados, así como a empresarios y formadores, relacionadas con la innovación y la experimentación en Formación Profesional.

Por ejemplo, los CRN especializados en la familia profesional de Servicios Socioculturales y a la Comunidad a la que pertenece este Certificado de Profesionalidad «Docencia de la Formación Profesional para el Empleo» son los siguientes:

Familia profesional Servicios Socioculturales y a la Comunidad

ÁREA PROFESIONAL	NOMBRE DEL CRN	UBICACIÓN
Actividades culturales y recreativas	CRN de Actividades culturales y recreativas	CNFPO de El Espinar. Segovia.
Atención Social	CRN de Atención Social	Centro Integrado de Formación Profesional Son Llebre. Palma de Mallorca
Formación y Educación		Vacante
Servicios al Consumidor		Vacante

A través de la página del SEPE se pueden consultar los listados de CRN por comunidades autónomas y por familias profesionales buscando por directorio de Centros de Referencia Nacional.

Los **objetivos de estos CRN,** en el ámbito de la familia profesional en el que desarrollen su actividad, son:

- Observar la *evolución y las necesidades de cualificación* del sistema productivo, y contribuir a la actualización y desarrollo de la Formación Profesional para adaptarla a dichas necesidades.

- Aplicar y experimentar proyectos de innovación en materia de Formación Profesional en lo referido a la impartición de acciones formativas, información y orientación profesional, evaluación y acreditación de competencias profesionales y otras con valor para el Sistema Nacional de Cualificaciones y Formación Profesional.

- Servir de enlace entre las instituciones de formación e innovación y los sectores productivos, promoviendo la comunicación y difusión del conocimiento en el ámbito de la Formación Profesional.

- Proporcionar al Sistema Nacional de Cualificaciones y Formación Profesional la información que requiera para su funcionamiento y mejora.

Por otro lado, entre sus **funciones,** en el ámbito de la familia profesional asignada, están:

1. Observar y analizar, a en el ámbito estatal, la *evolución de los sectores productivos,* para adecuar la oferta de formación a las necesidades del mercado de trabajo.

2. Colaborar con el Instituto Nacional de las Cualificaciones en la *actualización del Catálogo Nacional de las Cualificaciones Profesionales.*

3. *Experimentar acciones de innovación formativa* vinculadas al Catálogo Nacional de Cualificaciones Profesionales para validar su adecuación y, en su caso, elaborar contenidos, metodologías y materiales didácticos para proponer su actualización.

4. Colaborar y, en su caso, *realizar estudios necesarios para elaborar certificados de profesionalidad*, así como participar en la realización, custodia, mantenimiento y actualización de sus pruebas de evaluación.

5. *Estudiar la idoneidad* de instalaciones, equipamientos y medios didácticos, desarrollar técnicas de organización y gestión de la formación y proponer la aplicación de criterios, indicadores y dispositivos de calidad para centros y entidades de formación.

6. *Establecer vínculos de colaboración*, incluyendo la gestión de redes virtuales, con institutos y agencias de cualificaciones autonómicos, universidades, centros tecnológicos y de investigación, Centros Integrados de Formación Profesional (que veremos más adelante), empresas, y otras entidades, para fomentar la investigación, innovación y desarrollo de la Formación Profesional, así como para observar y analizar la evolución de las bases científicas y tecnológicas relacionadas con los procesos de formación o con el sector de referencia.

7. Contribuir al *diseño y desarrollo de planes de perfeccionamiento técnico* y metodológico dirigidos al personal docente o formador, expertos y orientadores profesionales, así como a evaluadores que intervengan en procesos de reconocimiento de competencias profesionales.

8. Colaborar en el procedimiento de *evaluación y acreditación de las competencias profesionales.*

3.3. Perfeccionamiento y actualización técnico-pedagógica de los formadores: planes de perfeccionamiento técnico. Realización de propuestas de los docentes para la mejora de la acción formativa

El SEPE se elabora un *Plan de perfeccionamiento técnico*. Este **Plan de perfeccionamiento técnico para docentes** está dirigido a los formadores con el fin de responder a las necesidades de perfeccionamiento y actualización técnico-pedagógica. A través de la actualización de las competencias de los docentes se persigue mejorar, asimismo, la calidad del propio sistema de formación.

El **objetivo general** de este Plan para el perfeccionamiento del profesorado es *programar, impartir* y *evaluar acciones formativas* para la actualización y el perfeccionamiento técnico de formadores en el ámbito de la Formación Profesional.

El Plan se ejecuta a través de los Centros de Referencia Nacional (CRN) a los que les corresponde la propuesta de los cursos, selección de alumnos, comunicación a los seleccionados, así como la impartición, seguimiento y evaluación de cada una de las acciones formativas.

Para la elaboración del Plan de PTF se recoge la demanda de Formación Profesional detectada a través de las siguientes fuentes:

a) Las propuestas de cursos de los responsables de formación de los Centros Nacionales de Formación Profesional (CNFP) y de las Comunidades Autónomas, referentes a la familia profesional o área profesional competencia del Centro.

b) Estudio sobre las necesidades específicas y transversales de perfeccionamiento técnico y desarrollo de habilidades profesionales recogidas en el «cuestionario de evaluación» de alumnos formados en los cursos de años anteriores.

c) Identificación de las nuevas tendencias de Formación Profesional.

d) Materias innovadoras o que suponen nuevas tecnologías, herramientas, procesos industriales, recursos didácticos, nuevos contenidos y metodologías…

e) Directrices ofrecidas desde la Unión Europea (protección del medio ambiente, prevención de riesgos laborales, tecnologías de la información y comunicación, calidad…) y de aplicación de la políticas públicas, como es la promoción de medidas de igualdad de oportunidades, la integración de personas con discapacidad, de promoción de la autonomía personal y atención a personas en situación de dependencia, lucha contra la violencia sobre la mujer y conciliación de la vida personal, familiar y laboral.

El Servicio Público de Empleo Estatal, teniendo en cuenta las propuestas de las comunidades autónomas, elabora anualmente un plan para el perfeccionamiento del profesorado que imparta acciones formativas y para el desarrollo de una metodología técnico-didáctica orientada al mismo. Cuando las acciones este plan van dirigidas a formadores de dos o más comunidades autónomas, se ejecutan a través de los Centros de Referencia Nacional. Cuando van dirigidas específicamente a formadores de una comunidad autónoma, son gestionadas en el ámbito autonómico.

3.4. Centros Integrados de Formación Profesional

Los Centros Integrados de Formación Profesional (CIFP) son aquellos que imparten todas las acciones formativas referidas al Catálogo Nacional de Cualificaciones Profesionales que conduzcan a títulos de Formación Profesional y Certificados de profesionalidad.

Surgen como respuesta a la necesidad de asegurar nueva oferta formativa integrada que capacite al alumno en el desempeño cualificado de las distintas profesiones y sirva de recurso formativo permanente a la población adulta para mejorar sus condiciones de empleabilidad.

Los **objetivos** de los CIFP son los siguientes:

a) La *cualificación y recualificación* de las personas a lo largo de la vida, mediante el establecimiento de una oferta de formación profesional diseñada por módulos, flexible, de calidad, adaptada a las demandas de la población y a las necesidades generales del sistema productivo. En sus acciones formativas están incluidas:

1. Las enseñanzas propias de la Formación Profesional inicial.

2. Acciones de inserción y reinserción laboral de los trabajadores.

3. Acciones de formación permanente dirigidas a la población trabajadora ocupada.

b) Contribuir a la *evaluación y acreditación de las competencias profesionales* adquiridas por las personas a través de la experiencia laboral y de vías no formales de formación.

c) La prestación de los *servicios de información y orientación profesional* a las personas para que tomen las decisiones más adecuadas respecto de sus necesidades de Formación Profesional en relación con el entorno productivo en el que se desenvuelven.

d) El establecimiento de un espacio de *cooperación entre el sistema de Formación Profesional y el entorno productivo sectorial y local* para desarrollar y extender una cultura de la formación permanente, contribuyendo a dar prestigio a la Formación Profesional.

e) Fomentar la *igualdad real y efectiva* entre mujeres y hombres.

Por otro lado, las **funciones básicas** de estos CIFP son:

a) *Impartir las acciones formativas* que conducen a títulos de Formación Profesional y Certificados de Profesionalidad de la familia o área profesional que tengan autorizadas y otras ofertas formativas que den respuesta a las demandas de las personas y del entorno productivo.

b) *Desarrollar vínculos con el sistema productivo del entorno*, en los siguientes ámbitos: formación el personal docente, formación de alumnos en centros de trabajo y la realización de otras prácticas profesionales, orientación profesional y participación de profesionales del sistema productivo en la impartición de la docencia.

c) Colaborar en la *detección de las necesidades de cualificación y en el desarrollo de la formación permanente de los trabajadores*.

d) *Informar y orientar* a los usuarios, tanto a modo individual como colectivo, para facilitar el acceso, la movilidad y el progreso en los itinerarios formativos y profesionales, en colaboración con los servicios públicos de empleo.

La información de los diferentes CIFP se encuentra organizada atendiendo a los **criterios de búsqueda**: ámbito territorial (por comunidades autónomas) y familia profesional. Por ejemplo, los CIFP que se dedican a la impartición de acciones formativas de la familia profesional de Servicios Socioculturales y a la Comunidad, familia en la que se encuentra ubicado este Certificado de Profesionalidad de Docencia de la Formación Profesional para el Empleo son los siguientes:

https://todofp.es/sobre-fp/informacion-general/centros-integrados/nuevos-centros.html

3.5. Programas europeos e iniciativas comunitarias

La Unión Europea, a lo largo de los años, ha desarrollado una serie de estrategias y marcos normativos para asegurar la calidad, la innovación y la actualización constante de los docentes en el ámbito de la Formación Profesional para el Empleo. Estos programas tienen un doble objetivo: mejorar las competencias profesionales y, paralelamente, contribuir al desarrollo socioeconómico y la cohesión social en la Unión Europea.

A continuación, se presentan las principales estrategias puestas en marcha en el ámbito europeo relacionadas con la calidad y la innovación docente:

3.5.1. Centro Europeo para el Desarrollo de la Formación Profesional (Cedefop)

El **Cedefop** es una de las instituciones más importantes en el ámbito de la Formación Profesional en Europa. Creado en 1975 y con sede en Salónica, Grecia, el Cedefop tiene como misión apoyar el desarrollo de la Formación Profesional en los Estados miembros y promover el aprendizaje permanente.

Su labor es realizar investigaciones y proporcionar datos que ayuden a los países miembros a implementar políticas efectivas en formación profesional y empleo. El Cedefop apoya el desarrollo de sistemas de aprendizaje permanente y promueve la movilidad y el reconocimiento de competencias profesionales entre países europeos. Su enfoque en la calidad y la pertinencia de la formación garantiza que las políticas educativas estén alineadas con las necesidades del mercado laboral europeo.

Las principales funciones del Cedefop incluyen:

- **Investigación y análisis:** recopila y difunde datos sobre tendencias en el mercado laboral y la Formación Profesional.

- **Asesoramiento político:** proporciona orientación a los responsables políticos sobre cómo mejorar la formación para que sea más inclusiva, flexible y orientada a la demanda.

- **Coordinación de iniciativas:** facilita la cooperación entre los Estados miembros, la Comisión Europea y otras partes interesadas.

- **Promoción de la movilidad laboral:** contribuye al desarrollo de herramientas para el reconocimiento y la transferencia de cualificaciones, como el Marco Europeo de Cualificaciones (EQF) y Europass.

El trabajo del Cedefop se alinea con varias estrategias y políticas europeas que buscan modernizar la formación y adaptarla a las necesidades del mercado laboral actual:

a) **Estrategia Europa 2020 y el Pilar Europeo de Derechos Sociales**

- Europa 2020 estableció unos objetivos claros para mejorar la educación, reducir el abandono escolar y aumentar la empleabilidad. Aunque esta estrategia ha sido sucedida por el Pilar Europeo de Derechos Sociales, los principios fundamentales permanecen: acceso a la educación de calidad, la formación continua y la igualdad de oportunidades en el mercado laboral. El Cedefop contribuye al control de estos objetivos proporcionando datos sobre la evolución de la formación en Europa.

b) **Pacto Verde Europeo y digitalización**

- El Cedefop ayuda a los Estados miembros a alinear sus sistemas de formación con los objetivos del Pacto Verde Europeo y la Agenda Digital Europea. La transición hacia una economía más verde y digital requiere nuevas competencias, y el Cedefop trabaja para identificar las habilidades emergentes en sectores como las energías renovables, la ciberseguridad y la inteligencia artificial.

c) **Estrategia de Competencias de la UE 2020**

- **La Agenda Europea de Competencias para 2020** establece metas a largo plazo para mejorar el acceso a la formación y garantizar que los trabajadores europeos adquieran las competencias necesarias para empleos de calidad. El Cedefop contribuye con informes sobre competencias y tendencias laborales que guían las decisiones políticas en esta área.

Por otro lado, el Cedefop implementa una serie de herramientas y proyectos que facilitan la cooperación y el desarrollo de la formación en Europa:

- Europass: plataforma que permite a los ciudadanos europeos documentar sus competencias y cualificaciones de manera transparente y reconocible a nivel internacional.

- Skills Panorama: proporciona datos sobre tendencias de empleo y competencias demandadas en los distintos sectores de la economía europea.

- Encuesta Europea sobre Competencias y Empleos (ESJS): se trata de una importante fuente de información sobre la correspondencia entre las competencias de los trabajadores y las demandas del mercado laboral.

Fuente: https://www.cedefop.europa.eu/es

3.5.2. Marco Europeo de las Cualificaciones (EQF)

El Marco Europeo de Cualificaciones (EQF, por sus siglas en inglés) es un instrumento que permite comparar cualificaciones en toda Europa. Funciona como un sistema de referencia común para facilitar la transparencia y la portabilidad de las competencias.

Los niveles del EQF van del nivel 1 (conocimientos básicos) al 8 (doctorado o equivalente), ayudando a los ciudadanos europeos a trasladar sus cualificaciones a diferentes países y sectores. El EQF fomenta una Formación Profesional de calidad al estandarizar los resultados de aprendizaje en términos de conocimientos, habilidades y competencias.

3.5.3. Marco Europeo de Competencias Clave para el Aprendizaje Permanente

El Marco Europeo de Competencias Clave define las habilidades esenciales que los ciudadanos deben adquirir para adaptarse a un entorno laboral cambiante. Estas competencias incluyen habilidades digitales, la comunicación en lenguas extranjeras, el espíritu emprendedor y el aprendizaje autónomo, todas ellas integradas en los programas de Formación Profesional para el Empleo. La FPE debe garantizar que sus acciones formativas se alineen con estas competencias clave para mantener su relevancia y eficacia.

El Marco Europeo de Competencias Clave para el Aprendizaje Permanente constituye una herramienta fundamental para el desarrollo de habilidades en una sociedad en constante cambio. Este marco tiene como objetivo dotar a los ciudadanos europeos de las **competencias necesarias para la empleabilidad, la cohesión social y el desarrollo personal**, alineándose con las demandas del mercado laboral y la innovación tecnológica. Su aplicación en la Formación Profesional para el Empleo es fundamental para asegurar que los trabajadores puedan adaptarse a los cambios del entorno económico y laboral.

Este marco establece un conjunto de **ocho competencias clave** consideradas esenciales para el aprendizaje a lo largo de la vida, tanto en contextos formales como informales. Estas competencias no solo buscan satisfacer las necesidades del mercado laboral, sino también promover la inclusión social, la ciudadanía activa y el desarrollo personal. Los objetivos fundamentales del marco incluyen:

- Garantizar que todas las personas adquieran las competencias necesarias para participar activamente en la sociedad.
- Facilitar la transición entre el aprendizaje, la vida laboral y la movilidad transnacional.
- Promover una educación inclusiva y accesible para todos los ciudadanos, independientemente de su origen.

Las competencias clave se estructuran en ocho categorías que engloban habilidades cognitivas, técnicas y sociales. En el contexto de la Formación Profesional para el Empleo, estas competencias permiten una actualización continua y efectiva de las capacidades laborales:

1. Comunicación en la lengua materna: habilidad para expresar y comprender ideas en contextos laborales, fundamentales en sectores como la atención al cliente y la gestión.
2. Comunicación en lenguas extranjeras: imprescindible en un mercado laboral globalizado, especialmente en sectores como el turismo, la logística y el comercio internacional.
3. Competencia matemática y competencias básicas en ciencia y tecnología: aplicable en entornos técnicos y de innovación, donde las habilidades matemáticas y científicas son esenciales para la resolución de problemas.
4. Competencia digital: la alfabetización digital es clave en la FPE, donde la integración de nuevas tecnologías requiere una constante actualización en el uso de herramientas digitales.
5. Competencia para aprender a aprender: fomenta la autogestión del aprendizaje, una habilidad crucial en sectores donde los cambios tecnológicos y metodológicos son constantes.
6. Competencias sociales y cívicas: claves para trabajar en equipo, gestionar conflictos y participar activamente en entornos laborales diversos.
7. Sentido de la iniciativa y espíritu emprendedor: especialmente valorado en la FPE, donde se promueve la capacidad de emprender y gestionar proyectos innovadores.
8. Conciencia y expresión cultural: relevante en sectores creativos y culturales, donde la capacidad de interpretar y valorar la diversidad cultural es fundamental.

La integración de estas competencias clave en la FPE se realiza a través de planes de estudio y programas diseñados para ser flexibles y adaptativos. Los docentes y formadores juegan un papel fundamental, ya que deben incorporar metodologías activas y centradas en el alumno, como el aprendizaje basado en proyectos, el aprendizaje colaborativo y el uso de tecnologías digitales avanzadas. Además, se fomenta el aprendizaje a lo largo de la vida mediante la participación en proyectos europeos como **Erasmus+**, que permite a los profesionales de la FPE actualizar sus conocimientos y metodologías de enseñanza.

En definitiva, el Marco Europeo de Competencias Clave para el Aprendizaje Permanente es un **pilar fundamental para la Formación Profesional para el Empleo en Europa**. Su enfoque en el desarrollo de habilidades esenciales garantiza que los trabajadores europeos estén preparados para enfrentar los desafíos del futuro, contribuyendo al crecimiento económico, la cohesión social y el bienestar individual.

3.5.4. Marco Europeo de Garantía de Calidad de la Formación Profesional (EQAVET)

El **EQAVET** es un marco que proporciona criterios y orientaciones para **evaluar y mejorar la calidad de la Formación Profesional en Europa**, promoviendo una formación de alta calidad mediante la aplicación de estándares comunes que aseguran la coherencia en los sistemas de Formación Profesional.

La implementación del EQAVET permite a los Estados miembros monitorear y evaluar la calidad de sus acciones formativas y **garantizar la eficacia de las políticas educativas**.

Los objetivos del EQAVET son:

- Promover la mejora continua de la calidad de los sistemas de formación mediante la recopilación y el análisis de datos relevantes.

- Fomentar la transparencia y la confianza entre los Estados miembros al facilitar la comparación y la cooperación transnacional.

- Garantizar que los resultados del aprendizaje respondan a las necesidades del mercado laboral, mejorando la empleabilidad de los estudiantes y trabajadores.

- Aumentar la participación de todas las partes interesadas, incluidas las empresas, los empleadores y los centros de formación, en la mejora de la formación.

EQAVET está basado en un **ciclo de mejora continua** que se compone de cuatro fases fundamentales:

1. Planificación: definir objetivos claros y metas medibles para mejorar la calidad de la Formación Profesional.

2. Implementación: poner en marcha políticas, procedimientos y acciones concretas para alcanzar los objetivos establecidos.

3. Evaluación: medir los resultados obtenidos mediante indicadores clave de rendimiento y análisis de datos cualitativos y cuantitativos.

4. Revisión: analizar los resultados para identificar áreas de mejora y ajustar las estrategias y políticas en consecuencia.

Este ciclo permite a los Estados miembros adaptar el marco a sus propios contextos nacionales y establecer sistemas de FP personalizados, pero alineados con los estándares europeos.

Además, el marco establece una serie de indicadores de calidad que sirven como referencia para evaluar el rendimiento de los sistemas de Formación Profesional. Estos indicadores incluyen:

- Tasa de empleo de los graduados de Formación Profesional, para medir la eficacia de los programas en la inserción laboral.

- Tasa de abandono temprano de la Formación Profesional, para evaluar la retención y la capacidad del sistema para apoyar a los estudiantes.

- Participación en la formación continua, reflejando la accesibilidad y flexibilidad de los programas de formación.

- Satisfacción de empleadores y estudiantes, un indicador clave para valorar la pertinencia y calidad de la formación ofrecida.

Fuente: https://www.todofp.es/sobre-fp/fp-en-europa/calidad-fp.html

3.5.5. Programa de Aprendizaje Permanente (PAP) y Erasmus+

El Programa de Aprendizaje Permanente (PAP) y su sucesor Erasmus+ fomentan la **cooperación transnacional en educación y formación**. Erasmus+ financia proyectos de movilidad, asociaciones estratégicas e innovación en la enseñanza, contribuyendo al desarrollo profesional de los docentes de formación profesional.

La movilidad internacional permite a los profesionales del sector adquirir nuevas metodologías y enfoques pedagógicos innovadores, fortaleciendo la calidad educativa.

3.5.6. Innovación y actualización docente

Los programas europeos destacan la importancia de la innovación pedagógica y la actualización continua de los docentes de formación profesional. Mediante iniciativas como los **Proyectos KA2 de Asociaciones Estratégicas** en Erasmus+, los docentes pueden participar en intercambios de buenas prácticas y formación continua, adoptando tecnologías digitales avanzadas y enfoques basados en competencias.

En resumen, los programas europeos e iniciativas comunitarias han creado un ecosistema que garantiza **la calidad, la innovación y la actualización docente** en la Formación Profesional para el Empleo. A través de marcos como el EQF, EQAVET y el Cedefop, y programas como Erasmus+, Europa trabaja para sentar las bases de una formación profesional moderna y adaptada a las necesidades del mercado laboral global.

Actividades

3.1. Rellena el espacio en blanco con la/s palabra/s que creas adecuadas:

1. El plan cuyo objetivo general es la mejora de las habilidades didácticas e incremento de la profesionalidad de los docentes así como el desarrollo de su capacidad técnica se conoce como el Plan _____

2. Los centros que se caracterizan por programar y ejecutar actuaciones de carácter innovador, experimental y formativo en material de Formación Profesional y desarrollar actividades de mejora de la calidad son los _____

3. Estos CRN están organizados por _____

3.2. Indica si los siguientes enunciados son verdaderos (V) o falsos (F):

Enunciado	V	F
1. En la evaluación de la calidad de las acciones formativas solo están implicados los alumnos.		
2. Para evaluar la calidad de las acciones formativas, puede evaluarse antes, durante y después de la acción formativa.		
3. Para facilitar a los alumnos la tarea de evaluar las acciones formativas, el SEPE ha implementado un sistema electrónico que permite cumplimentar el cuestionario vía internet.		
4. El Plan Anual de Evaluación del Subsistema de Formación Profesional para el Empleo trata de medir, entre otros aspectos, el impacto de la formación realizada en el acceso al mundo laboral, mantenimiento del empleo y la competitividad de las empresas.		
5. Una de las funciones de los Centros de Referencia Nacional es observar y analizar la evolución de los sectores productivos para adaptar la oferta de formación a las necesidades del mercado de trabajo.		
6. Los Centros Integrados de Formación Profesional se ocupan de impartir todas las acciones formativas referidas al Catálogo Nacional de Cualificaciones Profesionales que conducen a títulos de Formación Profesional y certificados de profesionalidad.		
7. El Marco Europeo de las Cualificaciones para el Aprendizaje Permanente define las cualificaciones en función de los resultados de aprendizaje. Estos se dividen en tres categorías: conocimientos, destrezas y competencias.		

3.3. El Marco Europeo de Competencias Clave para el Aprendizaje Permanente define ocho competencias imprescindibles que todos necesitamos para nuestro desarrollo personal y profesional. Enumera, al menos, cuatro de estas competencias.

1.

2.

3.

4.

3.4. En esta sopa de letras están escondidos cinco indicadores de calidad relacionados con las acciones formativas. Encuéntralos.

```
K Z O O Q M O P M B B K B D X P Y
A Y N R C X K V Y K P E N J I O T
E A S G E O B I W V A A G A D D O
O G O A J E F N U H C E U R W L V
Y I T N F I Y S Y A I X E E A W G
L X T I Y H F T R N U M K I E O I
U U Y Z Q O W A J Y B O X Y V D R
R T B A D R O L E I D Q E Y C D E
H Y A C A A O A B H S M R C E M I
W W H I I R E C L O J X C Y E Y P
B U V O U I Q I A E Z E X D T Z A
B X O N M O Y O E I Y G E U D E E
I D C O N T E N I D O S M P Y J P
B A F Y E A W E N O A N J P G B E
X H I P Q P P S X F Q B S C E U F
I H M O S E M F O R M A D O R E S
O O E A L C Q O L Y F Y W J B D O
```

INDICADORES DE CALIDAD

1. ....

2. ....

3. ....

4. ....

5. ....

Actividades prácticas

Caso práctico. Identificación y aplicación de estrategias de mejora de la calidad de los procesos formativos en el marco de la formación para el empleo.

Contexto:

Un centro de Formación Profesional ofrece formación en varias especialidades y de diferentes familias profesionales. El centro tiene un equipo de docentes con experiencia, pero ha identificado la necesidad de mejorar la calidad de sus procesos formativos para asegurar que los resultados de los programas sean más satisfactorios, alineados con el mercado laboral actual y que favorezcan la empleabilidad de los estudiantes.

El equipo docente se enfrenta a ciertos retos, como la actualización constante de los contenidos, la integración de nuevas tecnologías en el aula, y la necesidad de revisar y ajustar la planificación didáctica para adaptarse mejor a las necesidades de los estudiantes y del sector. Además, el centro desea garantizar que sus acciones formativas se alineen con los estándares de calidad y las exigencias del sector de la formación para el empleo.

Objetivo del caso práctico:

> Aplicar estrategias para mejorar la calidad de los procesos formativos, identificando los requisitos mínimos para el desarrollo de las acciones formativas, evaluando parámetros de calidad, promoviendo la implicación activa de los docentes y ajustando la formación a las necesidades detectadas a lo largo del proceso.

Actividad que hay que realizar:

1. Identifica los requisitos mínimos exigibles para el desarrollo de las acciones formativas:

   - En relación con un certificado de profesionalidad de tu elección, identifica los requisitos mínimos exigibles para los programas de formación de su especialidad.

   - Revisa los criterios normativos (leyes, reglamentos y estándares de calidad) que deben cumplirse para el desarrollo de las acciones formativas.

- Realiza un listado de los recursos materiales, humanos, tecnológicos y espaciales necesarios para garantizar el éxito del proceso formativo.

- Elabora un documento que recopile todos los requisitos mínimos identificados, asegurando que cubran todas las dimensiones necesarias de la formación y que estos sean comunicados claramente a todos los actores implicados en la formación.

2. Determina los parámetros de calidad del proceso y objetivos formativos:

- Crea una matriz de evaluación que contemple diferentes indicadores de calidad y un plan de acción para realizar un seguimiento de la calidad a lo largo del proceso formativo.

- Estos indicadores y/o parámetros deben incluir:

  — Satisfacción de los estudiantes con los contenidos, la metodología y los recursos proporcionados.

  — Tasa de aprobados y nivel empleabilidad posformación.

  — Adecuación de los contenidos a las necesidades del mercado laboral.

  — Evaluación continua del proceso formativo, mediante herramientas como encuestas de satisfacción, exámenes, trabajos prácticos, etc.

- ¿Cuándo consideras que sería el momento idóneo para evaluar cada uno de los parámetros? Realiza un cronograma o planificación de la evaluación.

- ¿Qué indicadores adicionales podrían ser útiles para realizar un seguimiento continuo de la calidad en la formación para el empleo?

3. Identifica y registra las necesidades de cambio:

- Diseña un formulario de recogida de *feedback* que permita a los docentes registrar las áreas de mejora detectadas durante una acción formativa y así se puedan proponer ajustes a los contenidos y metodología.

- Estas áreas de mejora pueden estar relacionadas con diferentes aspectos:

  — Actualización de contenidos

  — Metodología utilizada

  — Adaptación a las TIC

  — Materiales y/o recursos

  — Etc.

GLOSARIO

- **Calidad formativa**: conjunto de criterios y estándares que aseguran la eficacia, eficiencia y pertinencia de las acciones formativas, atendiendo a las necesidades del alumnado y del mercado laboral.

- **Cedefop (Centro Europeo para el Desarrollo de la Formación Profesional)**: organismo de la Unión Europea que promueve la Formación Profesional y el aprendizaje a lo largo de la vida. Su objetivo es fomentar el desarrollo de políticas de educación y empleo, proporcionando análisis, información y recomendaciones sobre las tendencias y desafíos en el ámbito de la formación profesional.

- **Centros de Referencia Nacional (CRN)**: instituciones especializadas en la innovación y experimentación en Formación Profesional, con un enfoque en la transferencia de conocimientos y buenas prácticas al sistema formativo.

- **Centros Integrados de Formación Profesional (CIFP)**: instituciones que ofrecen Formación Profesional inicial y continua, integrando competencias teóricas y prácticas para mejorar la empleabilidad y la movilidad laboral.

- **Eficacia**: capacidad de un proceso o acción para alcanzar los objetivos establecidos. Se centra en el logro de los resultados esperados, sin considerar el coste o los recursos empleados para conseguirlos.

- **Eficiencia**: relación entre los recursos utilizados y los resultados obtenidos. Se refiere a la capacidad de alcanzar los objetivos de manera óptima, con el menor consumo de tiempo, esfuerzo y coste posible.

- **Evaluación de la calidad formativa**: procesos sistemáticos para medir el grado de cumplimiento de los objetivos de una acción formativa mediante indicadores específicos.

- **Impacto**: efecto o cambio significativo que una acción o programa genera a largo plazo en un contexto o grupo determinado. Puede ser económico, social, educativo o ambiental, y se mide para valorar su alcance y relevancia.

- **Indicadores de calidad**: herramientas cuantitativas o cualitativas utilizadas para analizar aspectos como la satisfacción del alumnado, los resultados de aprendizaje y la empleabilidad.

- **Marco Europeo de Cualificaciones (EQF)**: herramienta de referencia diseñada por la Unión Europea para comparar las cualificaciones educativas entre diferentes países. El EQF organiza las cualificaciones en ocho niveles, basados en los resultados del aprendizaje (conocimientos, habilidades y competencias), facilitando la movilidad y el reconocimiento de competencias en el espacio europeo.

- **Marco Europeo de Garantía de Calidad para la Formación Profesional (EQA-VET)**: sistema de referencia europeo para ayudar a los Estados miembros a desarrollar, mejorar y evaluar la calidad de sus sistemas de Formación Profesional. Proporciona un conjunto común de criterios, indicadores y directrices para garantizar que las acciones formativas sean efectivas, pertinentes y ajustadas a las necesidades del mercado laboral y de los estudiantes.

- **Perfeccionamiento técnico-pedagógico**: actualización continua de los conocimientos y habilidades de los formadores, incluyendo aspectos técnicos y metodológicos, para mejorar la calidad de la enseñanza.

- **Planes de perfeccionamiento técnico**: programas diseñados para capacitar a los docentes en nuevas tecnologías, metodologías y tendencias de sus respectivas áreas de conocimiento.

- **Programas europeos e iniciativas comunitarias**: proyectos promovidos por la Unión Europea, como Erasmus+ y el Fondo Social Europeo, que impulsan la innovación, la calidad y la movilidad en la formación profesional.

MAPA CONCEPTUAL

CALIDAD DE LAS ACCIONES FORMATIVAS. INNOVACIÓN Y ACTUALIZACIÓN DOCENTE

PROCESOS DE EVALUACIÓN DE LA CALIDAD FORMATIVA. INDICADORES

Evaluación de la acción formativa:
- *Evaluación inicial (diagnóstico)*
- *Evaluación del proceso formativo*
- *Evaluación de resultados*

Indicadores de calidad generales:
- *Indicadores de eficiencia*
- *Indicadores de eficacia*
- *Indicadores de impacto*

Evaluación de la calidad de la acción formativa por parte del alumnado:
- *Cumplimentación del cuestionario de calidad*

CENTROS DE REFERENCIA NACIONAL / CENTROS INTEGRADOS DE FORMACIÓN PROFESIONAL

- **CRN:** actúan como un modelo en su ámbito profesional, especializándose en la innovación y experimentación de la Formación Profesional. En colaboración con administraciones y sectores productivos, identifican necesidades formativas y diseñan programas que mejoren la empleabilidad
- **Centros Integrados de Formación Profesional (CIFP):** centros educativos que imparten Formación Profesional en sus diferentes modalidades. Integran formación reglada y no reglada, promoviendo la actualización profesional y la certificación de competencias en un entorno adaptado a las demandas del mercado laboral

PLANES DE PERFECCIONAMIENTO TÉCNICO

- El Servicio Público de Empleo Estatal (SEPE) elabora un plan anual para el perfeccionamiento del profesorado que imparta acciones formativas y para el desarrollo de una metodología técnico-didáctica orientada al mismo.
- Forma de impartición del plan:
  · Acciones dirigidas a formadores de dos o más comunidades autónomas: ejecutadas a través de los Centros de Referencia Nacional
  · Acciones dirigidas a formadores de una comunidad autónoma: gestionadas en el ámbito autonómico

PROGRAMAS EUROPEOS E INICIATIVAS COMUNITARIAS

- Estrategias y marcos normativos para asegurar la calidad, la innovación y la actualización constante de los docentes en el ámbito de la Formación Profesional para el Empleo:
  · Centro Europeo para el Desarrollo de la Formación Profesional (Cedefop)
  · Marco Europeo de las Cualificaciones (EQF)
  · Marco Europeo de Competencias Clave para el Aprendizaje Permanente
  · Marco Europeo de Garantía de Calidad de la Formación Profesional (EQAVET)
  · Programa de Aprendizaje Permanente (PAP) y Erasmus+
  · Programas para la innovación y actualización docente

Bibliografía

Bernal Cantó, Ángeles. *Orientación laboral.* Servici Valenciá d´Ocupació i Formació (SERVEF). Generalitat Valenciana.

BOE. Ley 20/2007, de 11 de julio, del *Estatuto del trabajo autónomo.*

BOE. Ley 3/2012, de 6 de julio, de *Medidas Urgentes de la Reforma del Mercado Laboral.*

BOE. Ley Orgánica 3/2022, de 31 de marzo, de *ordenación e integración de la Formación Profesional.*

BOE Real Decreto Legislativo 3/2015, de 23 de octubre, por el que se aprueba el texto refundido de la Ley de Empleo.

CROEM (Confederación Regional de Organizaciones Empresariales de Murcia). *Modelo de competencias del Técnico de orientación profesional.* 2003.

Del Pino, Agustín. *Orientación laboral y promoción de la calidad en Formación Profesional para el Empleo.* Ed. Tornapunta. 2013.

El Marco de Referencia Europeo. Ocho competencias clave para el aprendizaje permanente. Oficina de Publicaciones Oficiales de las Comunidades Europeas, 2007.

El Marco Europeo de Cualificaciones para el Aprendizaje Permanente (EQF_MEC). Oficina de Publicaciones Oficiales de las Comunidades Europeas, 2009.

Goldstein, A. y col. *Habilidades sociales y autocontrol en la adolescencia.* Ed. Martínez Roca. 1989.

Goleman, D. *La inteligencia emocional.* Ed. Kairós. 2008.

Guía de FOL (Formación y Orientación Laboral). UPD VI – Imelsa (Unidad de Promoción y Desarrollo. Diputación de Valencia).

IMEPE Alcorcón. *Guía de búsqueda de empleo.* Acciones de OPEA. 2012.

Junta de Andalucía. Servicio andaluz de salud. *Mapa de competencias del puesto de auxiliar administrativo.*

Lisbona Bañuelos, Ana; Palaci Descals, Francisco J. y Moriano León, Juan Antonio; Cap. V. «*La empleabilidad como estrategia de integración y desarrollo*». Ed. UNED. 2002.

Lorés Domingo, C. *Nuevos yacimientos de empleo y necesidades formativas.* UNED. España.

Ministerio de Trabajo y Economía Social. *Estrategia Española de Apoyo Activo al Empleo 2021-2024*

Morales, J. Francisco y col. *Psicología social.* Ed. McGraw-Hill. 1997.

Observatorio de las ocupaciones del Servicio Público de Empleo Estatal. *Informe del Mercado de Trabajo Estatal.* Datos 2012.

Orden 4270/2010, de 14 de diciembre, por la que se convocan para el año 2011 subvenciones para la realización de acciones de *Orientación Profesional para el Empleo y de asistencia para el Autoempleo.*

Pasek de Pinto, Eva y Matos de R., Yuraima. (2007). *Habilidades cognitivas básicas de investigación presentes en el desarrollo de los proyectos pedagógicos de aula.* Educere, abril-junio, 349-356.

Patricio Jiménez, D. *Manual de recursos humanos.* Ed. ESIC. Libros profesionales de empresa. 2.ª edición 2011.

Pena Garrido, M. *Orientación en competencias socioemocionales.* Cátedra Andrés Bello. Facultad de Educación. UNED.

R.D. 1096/2011, de 22 de julio, de 2011. *Docencia de la formación para el empleo.*

R.D. 1558/2005, de 23 de diciembre, por el que se regulan los requisitos básicos de los *Centros Integrados de Formación Profesional.*

R.D. 1796/2010, de 30 de diciembre, por el que se regulan las *Agencias de Colocación.*

R.D. 229/2008, de 15 de febrero, por el que se regulan los *Centros de Referencia Nacional en el ámbito de la Formación Profesional.*

R. D. 659/2023, de 18 de julio, por el que se desarrolla la ordenación del Sistema de Formación Profesional.

R.D. Ley 3/2011, de 18 de febrero, de *Medidas Urgentes para la Mejora de la Empleabilidad y la Reforma de las Políticas Activas de Empleo.*

Real Decreto 694/2017, de 3 de julio, por el que se desarrolla la Ley 30/2015, de 9 de septiembre, por la que se regula el *Sistema de Formación Profesional para el Empleo en el ámbito laboral.*

Resolución de 27 de abril de 2009, del Servicio Público de Empleo Estatal, por la que se publica los *cuestionarios de evaluación de calidad de las acciones formativas para el empleo.*

Resolución del Consejo y de los representantes de los Estados miembros reunidos en el seno del Consejo, sobre el *fortalecimiento de las políticas, sistemas y prácticas en materia de orientación permanente en Europa*, de 18 de mayo de 2004.

Robbins, S.; Coulter, M. Administración. Ed. Pearson Educación. Prentice Hall. 2005.

Rubio Serrano, Fina. *Estrategias para la inclusión: estudio de las competencias clave para la empleabilidad en los colectivos en riesgo de exclusión.*

Servicio Público de Empleo Estatal. *Guía de contratos.* Enero 2014.

Servicio Regional de Empleo y Formación. *Murcia orienta.* Ed. Sef_Carm. 2010.

Páginas web

Servicio Público de Empleo Estatal:
www.sepe.es

Portal de empleo de la Comunidad de Madrid:
http://www.madrimasd.org/

Observatorio de las ocupaciones del Servicio Público de Empleo Estatal.

Empresa de Trabajo Temporal: www.adecco.es

Ministerio de Educación, Formación Profesional y Deportes:
www.todofp.es

Portal europeo de la juventud.
Orientación Profesional en España:
europa.eu

https://www.micvideal.es/

Portal de empleo de Extremadura:
http://extremaduratrabaja.gobex.es/ SEXPE